图说农大

蔡远渊　师桂芳　赵竹村　刘建平　主编

中国农业大学出版社
·北京·

内容简介

本书通过大量历史图片，回顾了中国农业大学一个多世纪的发展轨迹，根据中国农业大学的历史来源和所处时期，全书共分五章：第一章为从京师大学堂农科大学到北京大学农学院；第二章为从清华学校农科到清华大学农学院；第三章为从延安自然科学院生物系到华北大学农学院；第四章为北京农业大学与北京农业工程大学；第五章为中国农业大学。每章的内容以办学历程为主线，辅以部分重大事件、关键变革和杰出人物的介绍。在第一章至第三章中，选取了对中国农业大学发展产生重要影响的部分校院负责人和知名校友作为典型人物；在第四章中，选取了1956年由高教部评定的北京农业大学一级教授与后来当选院士的二级教授以及在北京农业机械化学院成立初期贡献突出的若干位教授作为典型人物；第五章中的数据均截至2018年12月。

图书在版编目（CIP）数据

图说农大／蔡远渊等主编. —北京：中国农业大学出版社，2019.6
ISBN 978-7-5655-2149-2

Ⅰ.①图… Ⅱ.①蔡… Ⅲ.①中国农业大学—校史 Ⅳ.①G649.281

中国版本图书馆CIP数据核字（2018）第281213号

书　名 图说农大
作　者 蔡远渊　师桂芳　赵竹村　刘建平　主编

策划编辑 梁爱荣　丛晓红　　**责任编辑** 石　华
封面设计 李尘工作室
出版发行 中国农业大学出版社
社　址 北京市海淀区学院路甲38号　　**邮政编码** 100183
电　话 发行部 010-62818525，8625　　读者服务部 010-62732336
编辑部 010-62732617，2618　　出　版　部 010-62733440
网　址 http：//www.caupress.cn　　**E-mail** cbsszs@cau.edu.cn
经　销 新华书店
印　刷 涿州市星河印刷有限公司
版　次 2019年6月第1版　2019年6月第1次印刷
规　格 889×1 194　16开本　11.5印张　340千字
定　价 90.00元

图书如有质量问题本社发行部负责调换

编委会

中国农业大学沿革简表

京师大学堂农科大学
（1905.12—1912.05）

北京大学校农科大学
（1912.05—1914.02）

国立北京农业专门学校
（1914.02—1923.03）

国立北京农业大学
（1923.03—1927.08）

国立京师大学校农科
（1927.08—1928.07）

国立北平大学农学院
（1928.11—1937.09）

国立西安临时大学农学院
（1937.09—1938.04）

国立西北联合大学农学院
（1938.04—1938.07）

延安自然科学院生物系
（1940.9—1943.11）

延安大学自然科学院生物系
（农业系）（1943.11—1947.03）

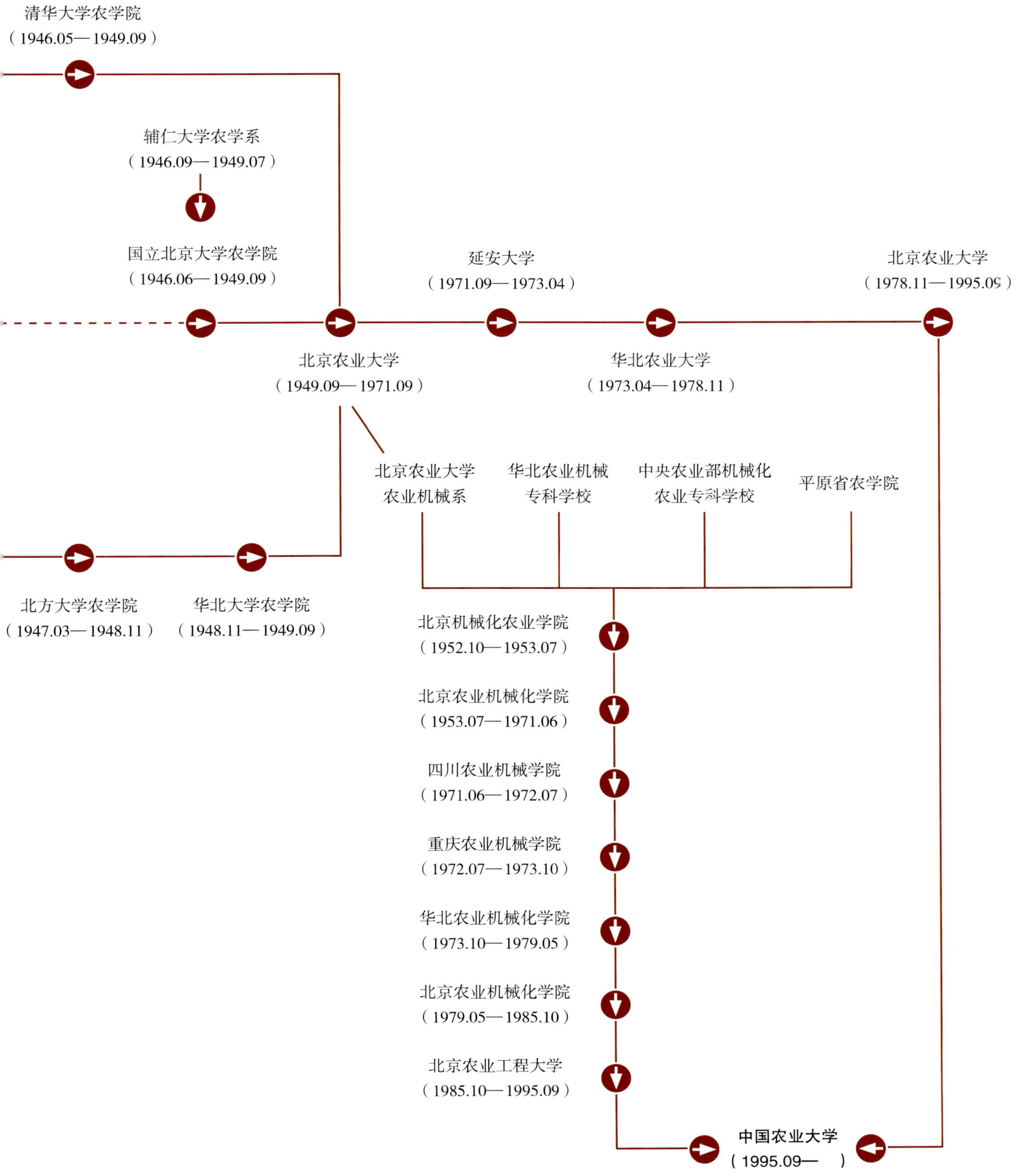

清华大学农学院
（1946.05—1949.09）

辅仁大学农学系
（1946.09—1949.07）

国立北京大学农学院
（1946.06—1949.09）

北方大学农学院
（1947.03—1948.11）

华北大学农学院
（1948.11—1949.09）

北京农业大学
（1949.09—1971.09）

延安大学
（1971.09—1973.04）

华北农业大学
（1973.04—1978.11）

北京农业大学
（1978.11—1995.09）

北京农业大学
农业机械系

华北农业机械
专科学校

中央农业部机械化
农业专科学校

平原省农学院

北京机械化农业学院
（1952.10—1953.07）

北京农业机械化学院
（1953.07—1971.06）

四川农业机械学院
（1971.06—1972.07）

重庆农业机械学院
（1972.07—1973.10）

华北农业机械化学院
（1973.10—1979.05）

北京农业机械化学院
（1979.05—1985.10）

北京农业工程大学
（1985.10—1995.09）

中国农业大学
（1995.09—　）

金色的希望

——中国农业大学校歌

1＝C $\frac{3}{4}$
♩＝155
荡漾、舒展

石顺义 词
张 伟 曲

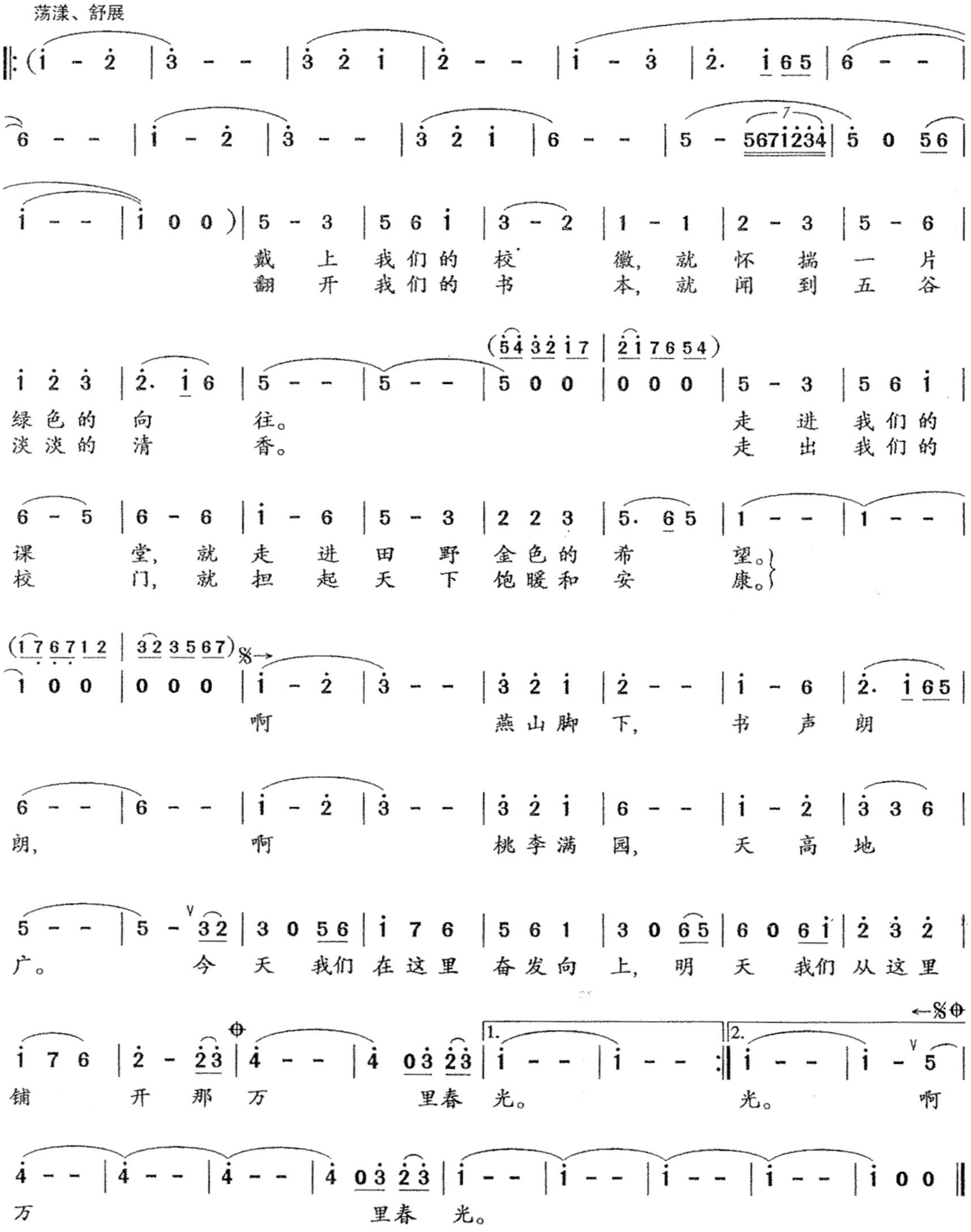

戴 上 我们的 校 徽，就 怀 揣 一 片
翻 开 我们的 书 本，就 闻 到 五 谷

绿色的 向 往。 走 进 我们的
淡淡的 清 香。 走 出 我们的

课 堂，就 走 进 田 野 金色的 希 望。
校 门，就 担 起 天 下 饱暖和 安 康。

啊 燕山脚 下， 书 声 朗

朗， 啊 桃李满 园， 天 高 地

广。 今 天 我们 在这里 奋发向 上，明 天 我们 从这里

铺 开 那 万 里春 光。 光。 啊

万 里春 光。

前言

Preface

作为中国现代高等农业教育的起源，中国近代史上第一所由国家创办的高等农业学府，中国农业大学已经走过 114 年的历程。一个多世纪以来，中国农业大学历经沧桑，曲折前行，情系乡土，忧患苍生，绘就了一幅沧海桑田更迭、光明坎坷交融的壮丽画卷。

为帮助广大师生、校友了解中国农业大学历史、领悟中国农业大学精神，中国农业大学档案与校史馆组织编写了《图说农大》。本书以大量珍贵的历史照片和简练的文字，力图再现中国农业大学一个多世纪的发展轨迹、重大事件和杰出人物，展示中国农业大学勤勉持重、爱国忧民的精神传统和严谨求实、厚德博学的办学传统。

谨以此书献给中国农业大学的广大师生员工，期望他们通过阅读《图说农大》走进农大，感受农大，了解农大，热爱农大，献力农大，为中国农业大学续写新的辉煌篇章。

目录

第一章 | 京师大学堂农科大学—北京大学农学院

第二章 | 清华学校农科—清华大学农学院

第三章 | 延安自然科学院生物系—华北大学农学院

第四章 | 北京农业大学与北京农业工程大学

第五章 | 不断探寻和追求世界一流的中国农业大学（1995年至今）

京师大学堂农科大学——北京大学农学院

中国农业大学的历史发轫于1905年的京师大学堂农科大学，这是中国近代史上第一所由国家创办的高等农业学府。作为中国高等农业教育的策源地，中国农业大学经历了晚清、北洋军阀、国民政府和新中国四个时期，经历曲折，岁月坎坷，磨砺出坚忍顽强的精神，形成了情系民生的传统。

中国农业大学的历史有三支独立的源流，其一是京师大学堂农科大学——国立北京大学农学院；其二是清华学校农科——清华大学农学院；其三是延安自然科学院生物系——华北大学农学院。

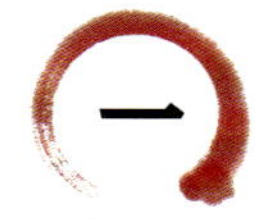

一 农科大学的创建（1905—1914）

❖ 农科大学的创办

作为京师大学堂分科大学之一，农科大学始建于 1905 年（清光绪三十一年），它的诞生开创了我国近代高等农业教育的新纪元。1912 年 5 月，学校改称国立北京大学校农科大学。

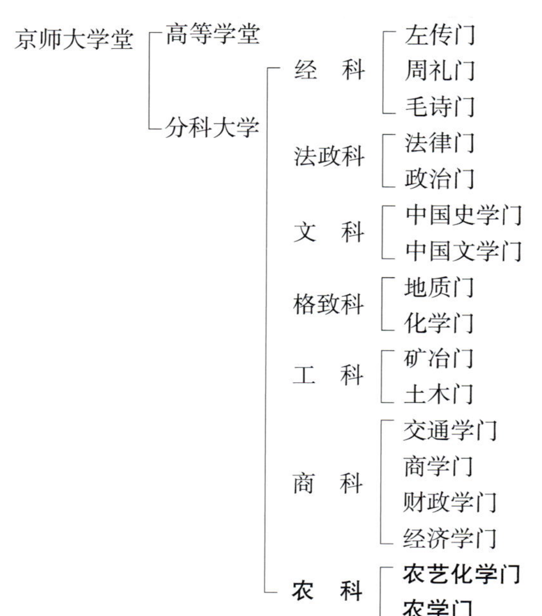

京师大学堂组织机构图（1910—1912）

京师大学堂农科大学校门

再七月十五日大學堂總監督張亨嘉奏京師
分科大學亟應擇地建置一摺並片奏請
旨飭下臣等派員勘地均奉
旨學務大臣議奏欽此原奏內稱京師既設豫備科
各省高等學堂亦經開辦一二年後畢業之優
等生均應升入分科大學擬請
飭下學務大臣妥議辦法等語查奏定大學堂章程
分列八科目前驟難全設擬先設政法科文學
科格致科工科以備大學豫科及各省高等學
堂學生畢業後考升入學此外四科以次建置
大學堂規模宜求完備合法已於奏定學務綱
要內列有專條自應照章興築以免臨時貽誤
又原奏內稱大學八科需地甚廣遍查內城及
南城以內均無空曠合用之地惟廣甯門外瓦
窯有地一所德勝門外有地一所廣輪之數均
合程度等語臣等查德勝門外及瓦窯地方均
在郊外必須俟禾稼收穫之後丈量始能明晰
旋於九十月間疊次派員前往分別丈量勘得
德勝門外舊有操場一大段東西相距四百八
十丈南北相距四百一十四丈較之瓦窯地方
寬廣幾多一倍此項操場向為武舉會試操練
弓馬之地武試既停此地久歸閒曠臣等擬懇
聖恩將德勝門外操場地方賞給大學堂先辦四科
將來添設別科亦有餘地其瓦窯地方則留以
專辦農科查農科需地較廣萬不能與各科並
設一處日本農科亦係另設該地宜於種植以
之專辦農科亦屬相宜至辦理此項工程非熟
悉學堂規制者不能建造合法臣等一再斟酌
查有候選道朱啟鈐守潔才優於建築之學確
有心得該員現在天津當差直隸督臣袁世凱
派令承辦局所各工但此項大學堂工程尤關
緊要無人監修惟有仰懇
飭下袁世凱即飭該員來京籌辦責令一手經理必
能款不虛縻建造合法約計工程非逾兩年不
能蕆事需用款項擬在學務處實存項下竭力
籌撥至工程竣後開辦大學分科所需常年經
費再由臣等豫商各省督撫通籌辦法以規久
遠所有遵
旨議覆先建大學四科妥籌辦法並懇
恩賞給操場地方各緣由謹附片奏陳伏乞
聖鑒謹
奏

《学务大臣奏请建分科大学片》（1905.12.05）

❖ 农科大学的校舍

在 1905 年的建校方案中，农科大学位于瓦窑（今北京市丰台区卢沟桥地区），后改为阜成门外望海楼地方（今北京市海淀区玉渊潭公园一带），加上罗道庄等地，农科大学校址正式确定。1909 年始，农科大学筹划建筑工程，至辛亥革命爆发时，讲堂大楼、办事楼、教工及学员宿舍、校门等重要工程均已基本建成。1912 年 11 月 11 日，农科大学由北京市内马神庙迁入罗道庄新校舍。

农科大学早期建筑——讲堂大楼（1912）

农科大学早期建筑——办事楼（1912）

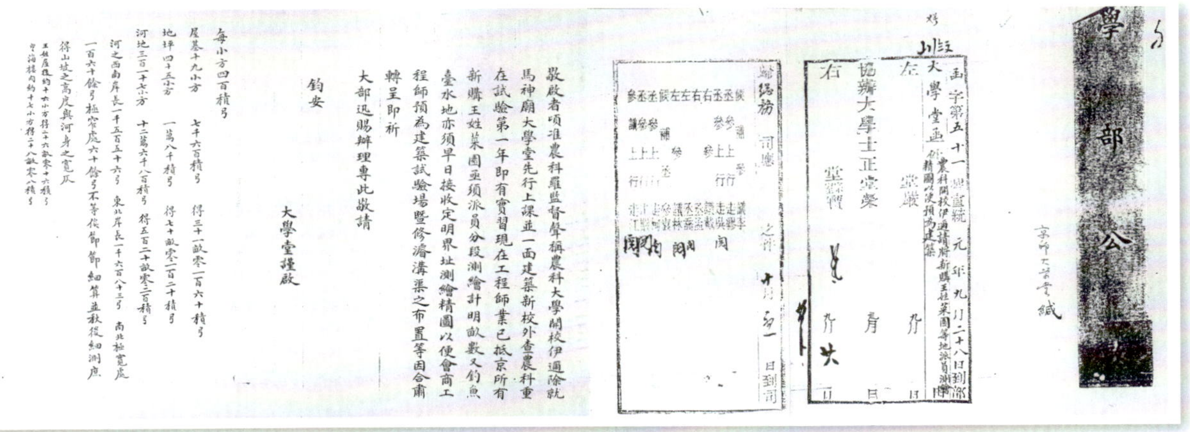
敬啟者頃准農科羅監督聲稱農科大學開校伊邇除就馬神廟大學堂先行上課並一面建築新校外查農科重在試驗第一年即有實習現在工程師業已抵京所有新購王姓菜園亟須派員分段測繪計明畝數又釣魚臺水地亦須早日接收定明界址測繪精圖以便會商工程師預為建築試驗場暨修濬溝渠之布置等因合肅轉呈即祈

大部迅賜辦理專此敬請

鈞安

大學堂謹啟

每小方四百積弓

屋基十九小方 七千六百積弓 得三十一畝零一百六十積弓

地坪四十五小方 一萬八千積弓 得七十畝零一百二十積弓

河地三百一十七小方 十二萬六千八百積弓 得五百二十畝零三百積弓

河之西南岸長一千五百五十六弓 東北岸長一千六百八十三弓 南北極寬處一百六十餘弓極窄處六十餘弓不等俟節節細算並秋後細測庶得山坡之高度與河身之寬度

王姓屋後約十六小方得二十六畝零十六積弓

海樁內約十七小方得二十八畝零八積弓

大学堂为农科大学建设试验场购地事函学部（1909.09.28）

❖ 农科大学的教学

创设之初，农科大学在教育制度、课程内容、教学方法等诸方面，均效仿日本模式（表 1-1）。因条件所限，《奏定大学堂章程》中设列的农学门、农艺化学门、林学门、兽医学门等，1910 年首次招生时只录取了农学门与农艺化学门的学生。

1913 年 11 月，44 名学生顺利从农科大学毕业，成为中国历史上自己培养的第一批农业高等人才。

首批农科大学毕业生合影（1913）

表 1-1　农科大学教员名单（1911）

姓名	就职年月	离职年月
藤田丰八（日籍）	宣统元年十二月	宣统三年二月
橘义一（日籍）	宣统元年十二月	“民国”元年十月
小野孝太郎（日籍）	宣统元年十二月	“民国”二年五月
三宅市郎（日籍）	宣统二年八月	“民国”三年一月
毛　鹫	宣统三年闰六月	宣统三年十一月
章鸿钊	宣统三年十月	“民国”元年四月

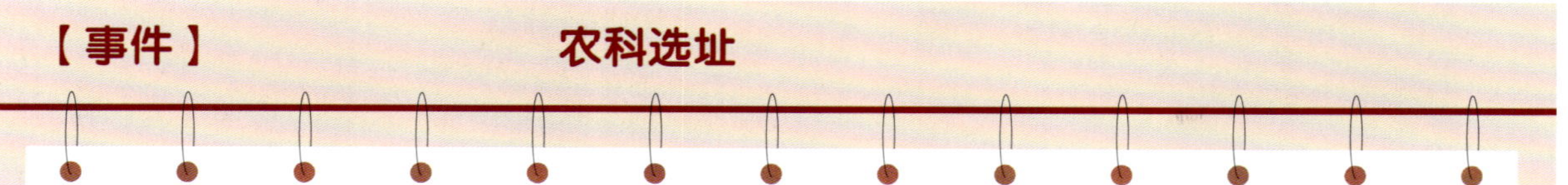

【事件】　农科选址

1904 年 2 月，张亨嘉出任京师大学堂总监督。张上任以后，即着手筹建京师大学堂分科大学，1905 年 8 月 15 日，他上奏《京师分科大学亟应择址建置折》，建议在京郊选址建校。清政府批准奏请后，学务大臣派人着手实地勘查。

1905 年 12 月 5 日，《学务大臣奏请建设分科大学片》提出分科大学具体方案：京师大学堂分科大学分两处建设，一处在德胜门外操场地方，作为除农科外其他七科分科大学的校址；另一处“瓦窑地方则留以专办农科。查农科需地较广，万不能与各科并设一处。日本农科亦系另设。该地宜于种植，以之专办农科亦属相宜。”但后来学部负责人认为此地“地势高旷，林泉缺乏，不甚合用”，在京郊物色新址。

1908 年 8 月 16 日，学部上奏《奏请拨望海楼地方苇塘官地建筑农科大学片》，奏请在钓鱼台一带建农科大学。经清政府准奏，农科大学寻址一事尘埃落定，中国近代史上第一所国立农科大学终于落户罗道庄。

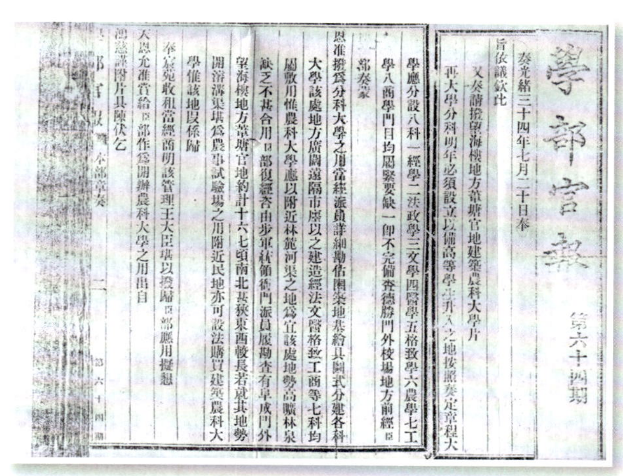

學部官報
第六十四期
奏光緒三十四年七月二十日奉
旨依議欽此
又奏請撥望海樓地方葦塘官地建築農科大學片
再大學分科明年必須設立以備高等學堂升入之地按照奏定章程大
學應分設八科一經學二法政學三文學四醫學五格致學六農學七工
學八商學門目均屬緊要缺一即不完備查德勝門外校場地方前經臣
部奏蒙
恩准撥爲分科大學之用當經派員詳細勘估圖案地基繪具圖式分建各科
大學該處地方廣闊遠隔市廛以之建造經法文醫格致工商等七科均
屬敷用惟農科大學應以附近林麓河渠之地爲宜該處地勢高曠林泉
缺乏不甚合用臣部復經咨由步軍統領衙門派員履勘查有阜成門外
望海樓地方葦塘官地約計十六七頃南北甚狹東西較長若就其地勢
開濬溝渠填爲農事試驗場之用附近民地亦可設法購買建築農科大
學僅該地段係歸
奉宸苑收租當經商明該管理王大臣塡以撥歸臣部應用擬懇
天恩允准賞給臣部作爲開辦農科大學之用出自
鴻慈謹附片具陳伏乞
本部章奏　二　第六十四期

《奏请拨望海楼地方苇塘官地建设农科大学片》（1908.08.16）

二 独立办学的开端（1914—1923）

❖ 独立办学

辛亥革命后，国民政府发布《大学令》和《专门学校令》，进行教育改革。依蔡元培主张，北京大学以文理为主，不再办工、农、医等科，农科大学的改组势在必行。1914年2月，农科大学改为国立北京农业专门学校，直属教育部，开始独立办学。

国立北京农业专门学校校门

- 各　科
  - 农学科（设教务主任1人）
  - 林学科（设教务主任1人）
  - 预科（设教务主任1人）
- 学监处（设主任1人，学监2人，事务员13人）
- 庶务处（设主任1人，文牍事务员1人，会计事务员1人，庶务事务员4人）
- 农场（设场长1人，技士2人，助手2人）
- 第一农场：学生实习、试验场。包括水田、特作园、普作园、蔬菜园、果园、特别试验园、植物标本园
- 第二农场：生产示范场。包括水田区、旱田区、园艺区、蚕桑区、牧畜区
- 职员会议
- 教务会议

北京农业专门学校组织机构（1917.04）

❖ 仿效欧美

北京农业专门学校借鉴欧、美的教育经验和手段，由单一的日本模式向兼容并包的多元模式转变，并逐步开展农业国情调查与研究，尝试探索与中国社会实际相结合的农业教育方法。在校长吴宗栻的主持下，学校试行一系列改革。1921年，教育部正式批准农专改革学制，废止预科，改本科为四年，并实行选科制，分必修与选修课，计算学分。

农科毕业生在许璇教授（前排左四）率领下赴日参观实习（1916）

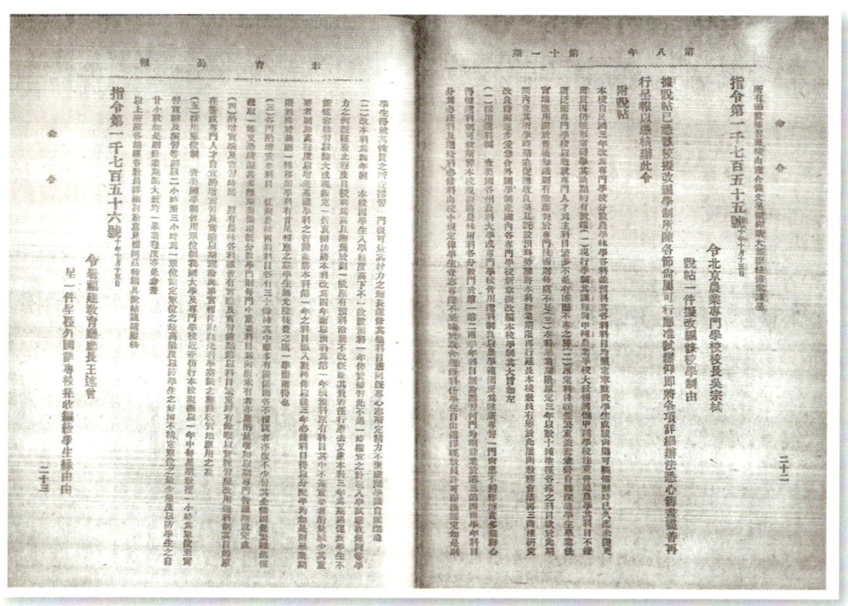

指令第一千七百五十五號

令北京農業專門學校校長吳宗栻

指令第一千七百五十六號

教育部批准改革学制

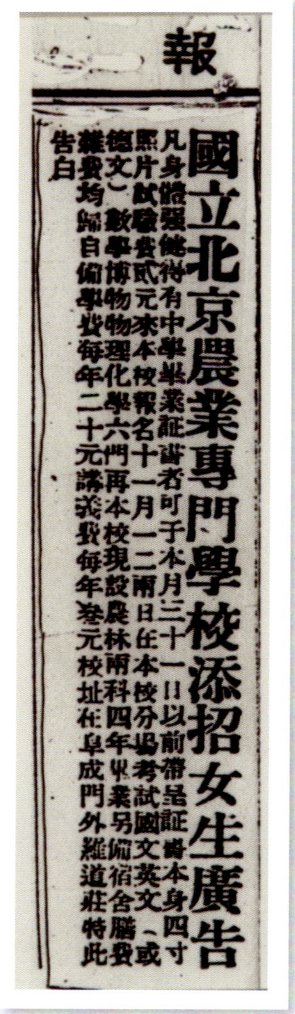

報

國立北京農業專門學校添招女生廣告

凡身體强健得有中學畢業証書者可于本月三十一日以前帶呈証書本身四寸照片試驗費貳元來本校報名十一月一二兩日在本校分場考試國文英文或德文、數學博物理化學六門再本校現設農林兩科四年畢業另備宿舍膳費雜費均歸自備學費每年二十六元講義費每年叁元校址在阜成門外羅道莊特此告白

在晨报上刊登的首次招收女生广告（1921.10.20）

1916年起，学校每年春、夏组织学生和教师赴山东、河北等省以及东北、华中等地区参观实习或实地调查，这是我国近代农业工作者结合国情开展早期农业考察研究的重要组成部分

植物实验

北京农业专门学校第一届毕业生合影（1916）

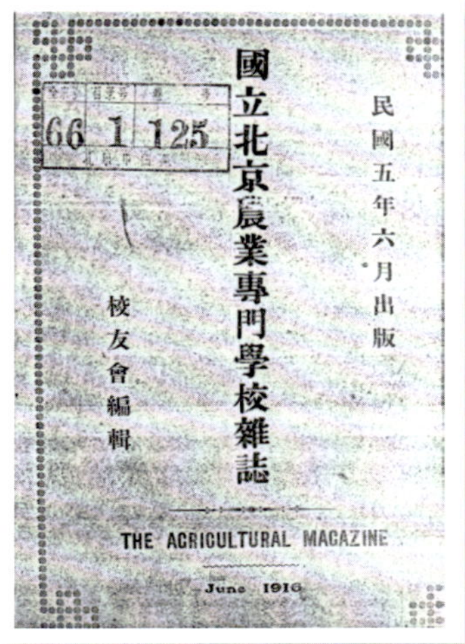

國立北京農業專門學校雜誌

民國五年六月出版

校友會編輯

THE AGRICULTURAL MAGAZINE

June 1916

中国农业大学最早的铅印刊物——
国立北京农业专门学校杂志（1916）

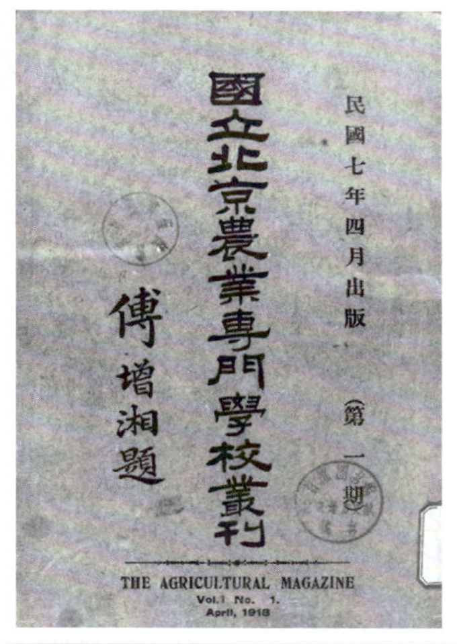

國立北京農業專門學校叢刊

民國七年四月出版

（第一期）

傅增湘題

THE AGRICULTURAL MAGAZINE

Vol.1 No. 1.

April, 1918

發刊詞

學校之有校刊，自來盛行於教育先進諸歐，爲學校生活精神事業之一。揆其功用，厥有數端，獎進自動以習才能，一也；團結精神以勗同志，二也；記述所學以質當世，三也；闡揚校風以詔來學，四也；吾國學校生活，常患單簡，學子以伏案爲能，其不爾者又多馳騖於學校以外之生活，過與不及，其失均爲甚，非學校所宜有也。茲本校諸生以課隙之暇，本其所學，從事譯述，或發舒情感，託諸歌詩，輯之成帙，名曰叢刊，以就正於世之農學君子，其致力有足多者，他吾弗知，惟知其自動、精神、學問、校風諸端，必有所裨益無疑也。他日由譯述進而爲研究，由研究進而爲實施，昌明農學，溥利國家，而斯刊亦獲與於世界農報之列，或有爲今日所未計及者，予日望之。

金邦正

国立北京农业专门学校丛刊封面和发刊词（1918）

【事件】 “五四运动”在农专

“五四运动”是中国革命史上具有划时代意义的事件，它标志着我国新民主主义革命的开始。中国农业大学的前身在“五四运动”中做出了重要贡献，是“五四运动”早期参与者之一，并始终站在运动前列。

1919 年，得知中国在巴黎和会上外交失败，北洋政府代表团准备在卖国“和约”上签字的消息后，北京各大专院校学生最先起来用行动表示对帝国主义，对北洋政府的无比愤慨。1919 年 5 月 3 日，北京农业专门学校派代表参加由北京大学发起的“五四”

游行示威大会的酝酿活动，次日参加了“五四”天安门大会。此后，全国各地学生纷纷集会，声援北京学生，一场声势浩大的群众运动席卷全国。不久，北洋政府公然下令取缔一切爱国活动，激起了群众更大的愤怒。1919 年 6 月 3 日起北京学生掀起更大规模的行动，成千上万学生上街游行、宣传。

面对反动军警的疯狂镇压和逮捕行动，农专全校师生起而声援，营救被捕同学。同时，为支援运动，农专学生发起捐款，仅 6 月初就筹得现洋 80 元，票洋 40 元，另有教职员捐款的票洋 100 元。

1919 年 6 月下旬，农专、北大、清华、高师等四所院校在北京第一舞台举行募捐义演。其后，农专学生胡子昂等自编自演的爱国话剧《鹊巢鸠居》在京公演引起了群众的强烈反响。

1920 年，农专学生又创办《醒农》杂志，以图“促人民之觉悟”“谋农业之改进”。它是“五四”时期相当有影响的刊物，曾远传海外。

“五四运动”中农专师生的无畏表现，造就了中国农业大学历史上让人瞩目的荣光。中国农业大学百年的光荣革命传统，由此肇始。

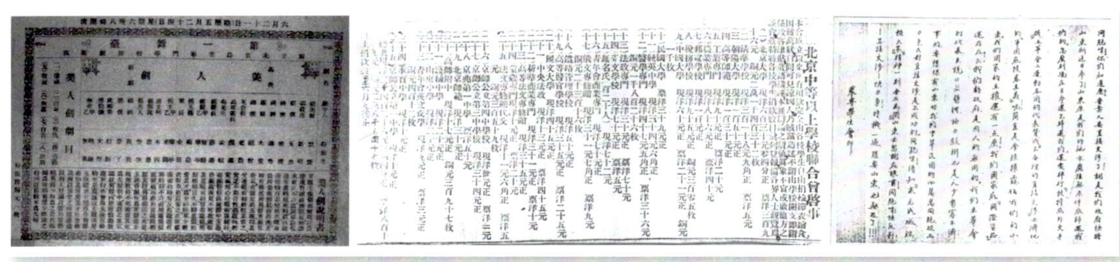

农专学生为“五四运动”举办义演、捐款、发传单的相关报道

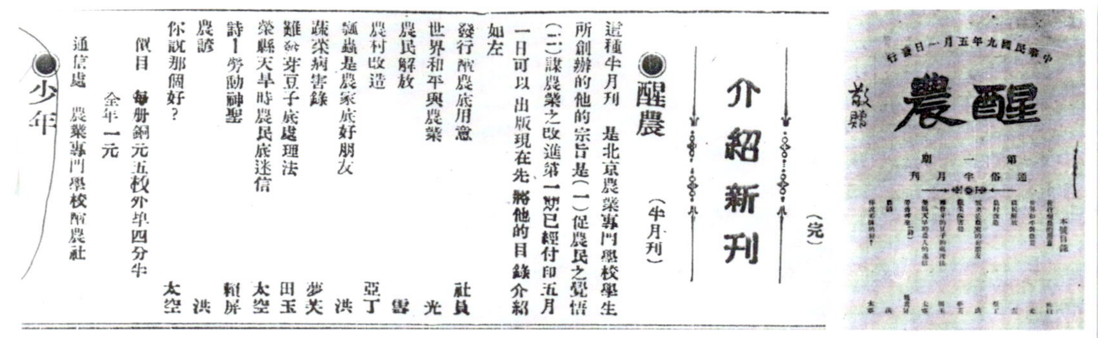

(完)

介紹新刊

醒農 (半月刊)

這種半月刊 是北京農業專門學校學生所創辦的他的宗旨是(一)促農民之覺悟(二)謀農業之改進第一期已經付印五月一日可以出版現在先將他的目錄介紹如左

發行醒農底用意 社員
世界和平與農業 光
農民解放 雪
農村改造 亞丁
鏟蟲是農家底好朋友 洪
蔬菜病害錄 夢芙
雜組 芽豆子底處理法 田玉
榮縣天旱時農民底迷信 太空
詩—勞動神聖 稻屏
農諺 洪
你說那個好？ 太空

價目 每册銅元五枚外埠四分半 全年一元
通信處 農業專門學校醒農社

醒農

农专学生会创办的《醒农》的发刊词和封面

人 物

胡子昂

胡子昂（1897—1991），原名胡鹤如，字子昂，四川巴县（今重庆市巴南区）人。中国民族工商业者的杰出代表、爱国民主人士、实业家、政治活动家、中国民主建国会和全国工商联卓越领导人。

胡子昂1919—1923年就读于国立北京农业专门学校，毕业后返回四川，主事教育工作，后走上“实业救国”道路，曾任重庆市教育局局长，重庆华西公司、中国兴业公司总经理，川康兴业公司董事长，四川省建设厅厅长及国民参政会参政员，立法院立法委员等职，成为一时的钢铁巨擘，实业巨子。在实践“实业救国”道路的同时，胡子昂一直积极参加爱国民主运动，成为民建先贤和中国共产党的挚友。新中国成立后，为了支持祖国的经济建设，胡子昂把经营的中兴公司、水泥公司、华西公司、自来水公司、华康银行等企业的全部财产无偿捐献给了国家。

胡子昂在农专就读时期，参与并领导了大量的学生运动。入学不久，他就投身“五四运动”中，为做好募捐宣传，他自编自演了爱国话剧《鹊巢鸠居》。公演大会上胡子昂大声疾呼：“我们决不能做亡国奴，大家要齐心起来救国。”观众热烈鼓掌，反响强烈。

1922年，胡子昂组织“农声社”，创办《新农业》杂志，以求“觉悟农民，改进农业”，并发表了数篇文章，针砭农业教育之时弊，筹谋改革途径。同年4月，农专学生会成立，胡子昂出任第一届主席，为实现学生会“互助精神，砥砺学问，促进交流，改造社会”身体力行。

作为学生领袖人物，胡子昂还推动了农专的“改大”运动。1920年11月，为促成学校改为大学，农专学生成立“大学促成会”，胡子昂任会长。大学促成会首先是广为宣传，制造舆论，起草了《国立北京农业专门学校全体学生请改建本校为农业大学理由书》。胡子昂作为学生代表到山东参加全国农业会议，争取支持；其次是去天津拜访著名教育家严修、张伯苓，征询意见；最后，更把梁启超请到学校作“关于发展中国农业问题”的演讲。农专师生的诸种努力使学校“改大”得到社会广泛支持，终获成功。

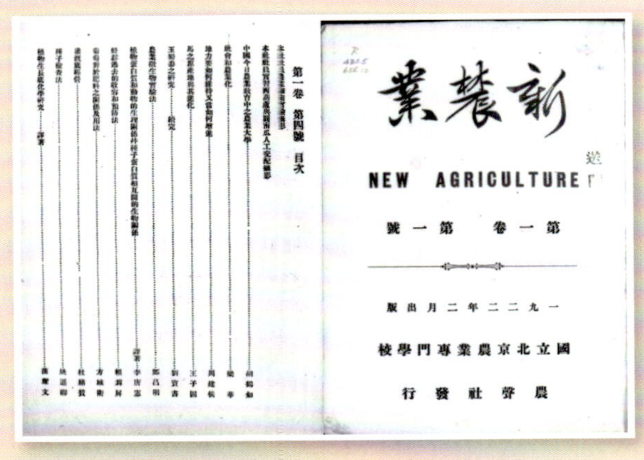

第一卷 第四號 目次

新農業

NEW AGRICULTURE

第一卷 第一號

一九二二年二月出版

國立北京農業專門學校

農聲社發行

农专学生会主席胡子昂主办的《新农业》（1922.02）

三 国立北京农业大学（1923—1928）

❖ 农专改大

依据教育部 1917 年发布的《修正大学校令》，北京各专门学校在 1920—1922 年间纷纷要求改为大学。农专学生胡子昂等组成“大学促进会”，为学校“改大”奔走疾呼。农专师生的努力得到社会各界的广泛响应与支持，如梁启超、章士钊等来校演说，声援农专改大。

1923 年 3 月，国立北京农业专门学校正式改组为国立北京农业大学。

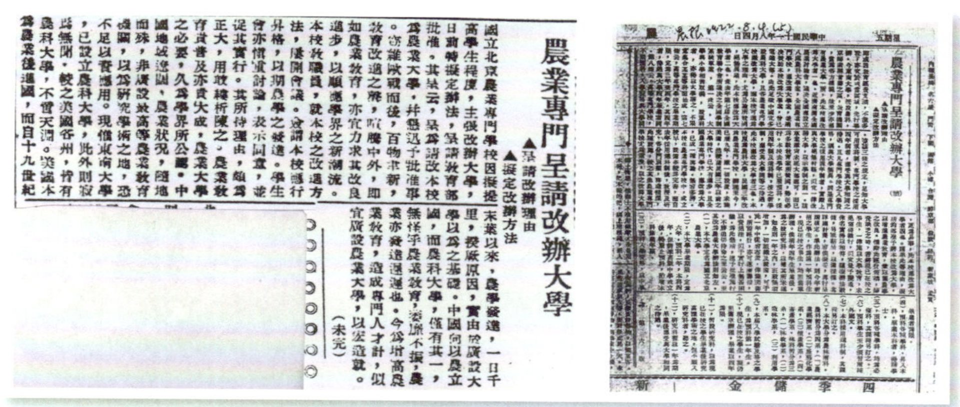

農業專門呈請改辦大學

▲呈請改辦理由
▲擬定改辦方法

國立北京農業專門學校因擬提高學生程度，主張改辦大學，日前特擬定辦法，呈請教育部批准。其呈云，呈為請改本校為農業大學，幷懇迅予批准事。竊維歐戰而後，百物求新，教育改進之聲，喧騰中外，即如農業教育，亦宜力求其改良進步，以順應學界之新潮流。本校教職員，就本校之改進方法，屢開會議。僉謂本校應行升格，以期農學之發達。學生會亦慣宜討論，表示同意，並從其實行。其所持理由，頗為正大，用敢縷析陳之。農業教育責書及亦貴大成，農業大學之必要，久為學界所公認。中國地域遼闊，農業狀況，隨地而殊，非廣設於高等農業教育機關，以為研究學術之地，恐不足以資應用。現僅東南大學，已設立農科大學，此外則寂焉無聞。較之美國各州，皆有農科大學，不啻天淵。吳滋本為農業後進國，而自十九世紀末葉以來，農學發達，一日千里，揆厥原因，實由於廣設大學以為之基礎。中國何以農立國，而農科大學，僅有其一，無怪乎農業教育，萎靡不振，農業亦發達遲遲也。今為增高農業教育，造成專門人才計，似宜廣設農業大學，以宏造就。（未完）

北京农业专门学校呈请改办大学（1922.08）

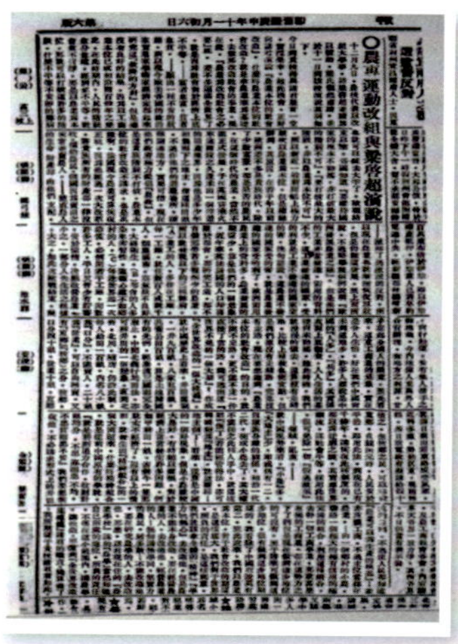

梁启超来校演说支持农专改大，提出“农业本位的社会改造”（《晨报》1922.12.11）

章士釗願為改造農校砲手

△但不願就農專校長

北大廿五年紀念會今天開始

△今夜舉行提燈大會

章士钊表示，愿做改造农校炮手（《晨报》1922.12.16）

❖ 教育特色

在章士钊的主持和影响下，国立北京农业大学时期的教育有了崭新的特点：

① 以“农村立国”为办学宗旨。

② 改科为系，是我校设系之始。

③ 广罗人才，诚聘国内外农业专家来校执教。

④ 明确“教授”“试验”“推广”为学校三大任务。

徵聘農業專家特告

北京農業專門學校現改組爲農業大學擬擴充設備多聘專任教授注重農民教育以辦到師生農民通力合作建樹將來農村立國之基礎爲主旨剔除舊弊運用新想與保障教員生活俱儲疑而爲不循常格本校正如白紙當由成山搜求成水世有農業專家懷抱偉畧幸以本校爲理想試驗之地通訊時請將學歷志願詳爲開示以便分別延聘 校長章士釗謹啓

通訊處北京阜成門外羅道莊農業專門學校

以章士钊校长名义在《晨报》上发布的《征聘农业专家特告》（1923.01.24）

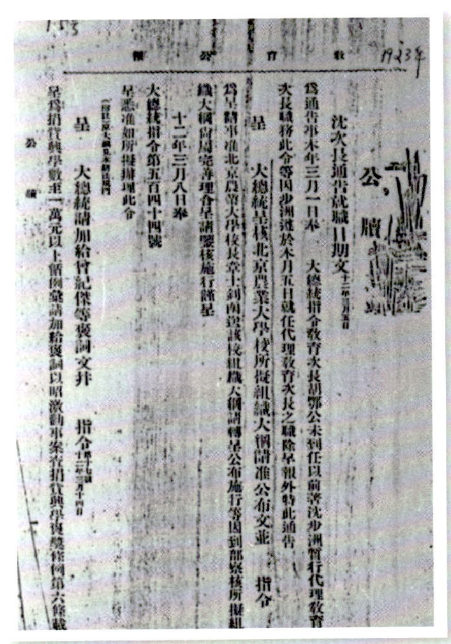

教育公報

公牘

沈次長通告就職日期文（十二年三月五日）

大總統指令教育次長胡鄂公未到任以前著沈步洲暫行代理教育次長職務此令等因步洲遵於本月五日就任代理教育次長之職除呈報外特此通告

呈 大總統呈核北京農業大學校所擬組織大綱請准公布文并 指令

爲呈請事准北京農業大學校長章士釗函送該校組織大綱請轉呈公布施行等因到部察核所擬組織大綱尚屬完善理合呈請鑒核施行謹呈

十二年三月八日奉

大總統指令第五百四十四號

呈悉准如所擬辦理此令

呈 大總統請加給曾紀傑等褒詞文并 指令

呈爲捐貲興學數至一萬元以上循例彙請加給褒詞以昭激勸事案查捐貲興學褒獎條例第六條載

大总统黎元洪批准了《北京农业大学组织大纲》，此大纲由校长章士钊主持拟定（1923.03.08）

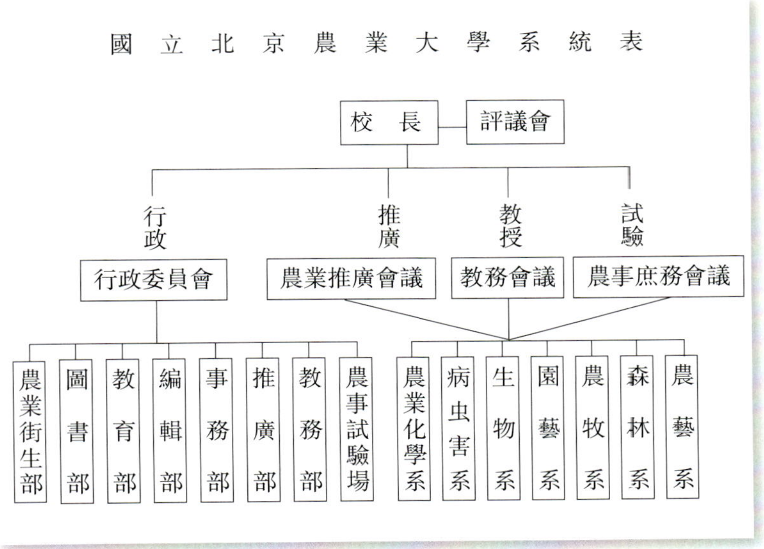

国立北京农业大学组织机构（1923）

❖ 短暂倒退

1927 年，奉系军阀张作霖执掌下的北洋政府，令北京国立九校（北京大学、法政大学、工业大学、农业大学、医科大学、师范大学、女子师范大学、女子大学、艺术专门学校）合并，改为国立京师大学校，加强控制，压制爱国民主运动和打压革命力量。

此次打压活动致使包括农大在内的国立九校学生会组织和各种进步力量遭受了重大挫折。北洋政府的倒行逆施，成了北京教育史上黑暗的一页。

济南惨案发生后，为抗议日军暴行，唤起人们永不忘国耻，农大师生在校园里建了“毋忘国耻”纪念碑（1928.05）

農科開除學生四十九名
飭令休學者八十三人

京师大学校以整顿校纪为名开除农科学生 49 人
（《晨报》1927.12.13）

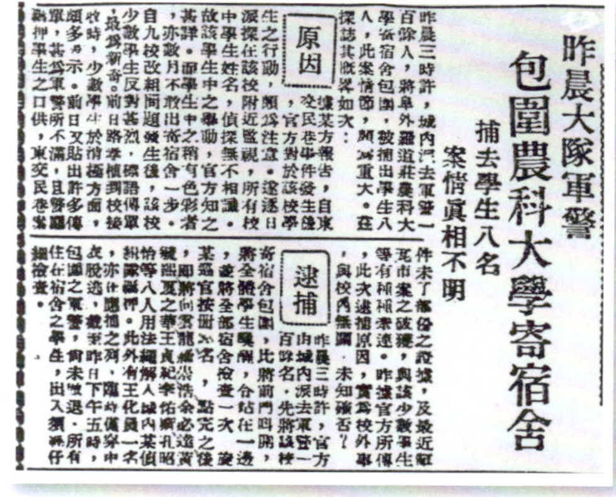
昨晨大隊軍警
包圍農科大學寄宿舍
捕去學生八名
案情真相不明

原因

逮捕

反动军警包围农科宿舍逮捕学生
（《晨报》1927.08.28）

人　物

章士钊

章士钊（1881—1973），字行严，别号孤桐等，湖南省善化县（今长沙市）人。爱国民主人士，政治活动家，教育家，法学家，文史学家。

20 世纪初，作为著名的爱国民主人士、政治活动家，章士钊积极参加拒俄运动、反袁（世凯）“二次革命”、护国战争等，也曾创办《国民日报》《独立周报》，主持《民主报》等，宣传革命，议论时政，主张调和立国，推崇两党制与联邦制。

由于在新文化运动中坚决反对在文学和道德领域的破旧立新，章士钊受到批判，遂于

1921年赴欧洲考察。在此期间，他认识到农业国与工业国不同，生出“以农立国”主张，一反自己前期的社会政治理念，坚决地反对现代化，坚持农业立国传统，抛弃一切与工商立国相关联的追求与制度，不要总统、国会、政党等制度。此理论一出，即遭到革命派的严厉批判。

1922年12月，章士钊出任国立北京农业专门学校校长。到任伊始，章就声明要做改造农大的“炮手”，同时号召师生立志改造中国农村、农业，学好知识与本领到农村去。在执掌农专和农大期间，章士钊以“农村立国”作为办学的宗旨和方针，深得师生的赞赏，成为办好“农大”、矢志农业、改造农村的动力。

为了实现其理想，章士钊实施了一些重大举措。例如，以个人名义在《晨报》刊登《征聘农业专家特告》，公开招贤纳士来校执教。这一举措虽未能立即生效，但至平大农学院时期，一批知名专家、学者纷纷从国内外应聘来校执教，一支资历雄厚的教授队伍渐次筑就。

此外，他还曾捐出薪金为学校添置图书，时至今日，校图书馆还存有他当年捐资购买的部分图书。因此可说，中国农业大学在20世纪20年代至30年代初发展，章士钊功不可没。

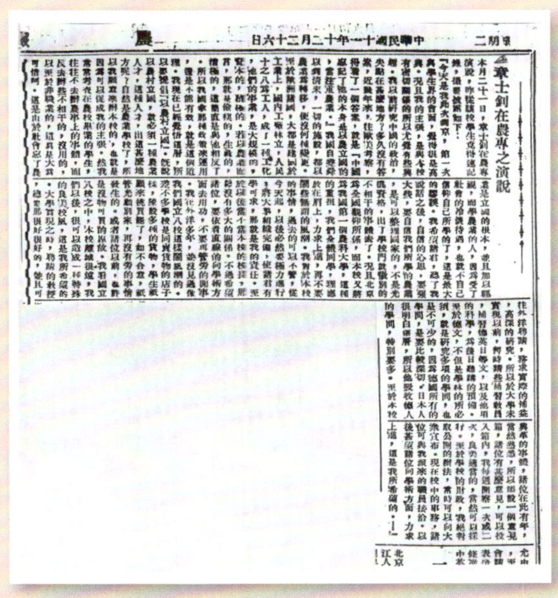

晨报 中華民國十一年十二月二十六日 星期二

章士釗在農專之演說

1922年12月12日，章士钊被聘为农专校长，21日到校发表演说再次阐释其“农村立国”的主张

【事件】 农大革命组织的萌芽

“五四运动”以后，李大钊、邓中夏等在北京大学组建“马克思学说”研究会，成立“北京共产党小组”。1921年初，在邓中夏指导下农专学生杨开智（杨开慧兄）、乐天宇、蒋文彪（音biao）等组织了社会主义（研究）小组，学习和宣传马克思主义。同年秋，社会主义青年团支部在此基础上成立，将学校的学生运动推向了新的高潮。

1922 年农专第一届学生会的组建，“农业革新社”的成立，积极推动学校“改大”并获成功等，这些都是青年团支部的重要贡献。

青年团支部工作的出色表现，为中共中国农业大学支部的建立奠定了坚实的基础。1924 年 1 月，农大历史上第一个党支部成立，乐天宇为支部书记。这是继北京大学、北京高师之后，北京高校中最早成立的中共支部之一。

反段祺瑞政权统治时期农大校务维持会学生合影，前排右一徐大昌、右三乐天宇 、右四李启耕（1924）

农大党支部诞生后，成为北京地区一支坚强的革命力量，有力地推动了学校内外爱国民主运动的蓬勃开展（表 1–2）。支部在京郊农民中积极发展党员，建立了由农大支部（特支）领导的公主坟、大瓦窑等三个党小组（支部），通过农村党组织，进行农民教育，组织农民参加爱国运动。1924 年吸收入党的大瓦窑小学教员张永祥是北京市农村最早的党员。

表 1–2 “三一八”惨案中受伤的农大学生

姓名	籍贯	受伤情况
向云龙	湖南	手、胸、背、脚、头均伤，不能行动
邵金元	安徽	
徐蔚若	四川	手臂被棒打伤，头刺伤
徐大昌	四川	
张俊仕	四川	左手臂、头、腿重伤
何星甫	?	
詹乐贫	湖南	右手，足伤、头被棒击伤
唐木森	四川	

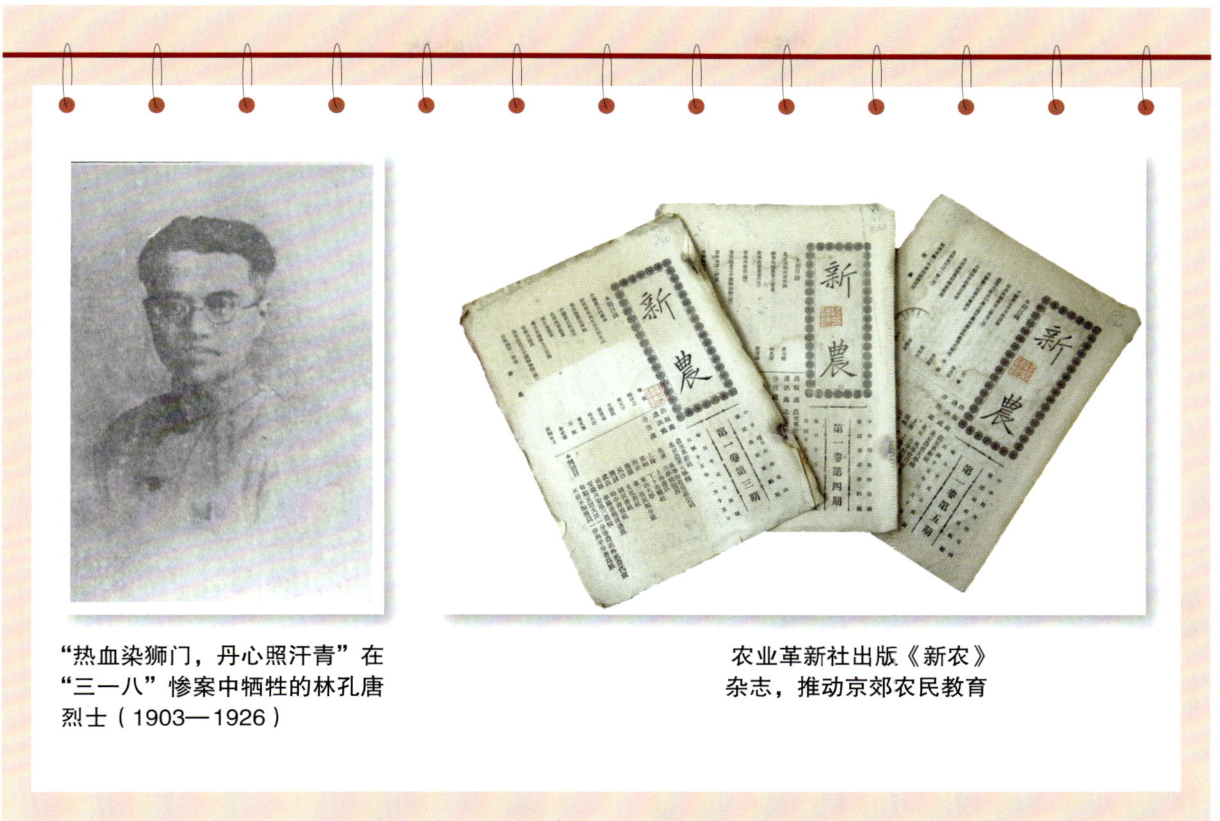

“热血染狮门，丹心照汗青”在“三一八”惨案中牺牲的林孔唐烈士（1903—1926）

农业革新社出版《新农》杂志，推动京郊农民教育

国立北平大学农学院（1928—1937）

❖ 合入国立北平大学

1928 年南京国民政府改北京为北平，将国立九校合组为国立北平大学。11 月，北京农业大学改为国立北平大学农学院，迈入一段相对稳定的发展时期。学校的教学体制、课程设置、校园建设渐趋完备，教师队伍日益雄厚，教学、研究及推广工作均有很大发展。

国立北平大学农学院校门，两侧刻写院训“教民稼穑”

国立北平大学校徽

国立北平大学农学院院徽

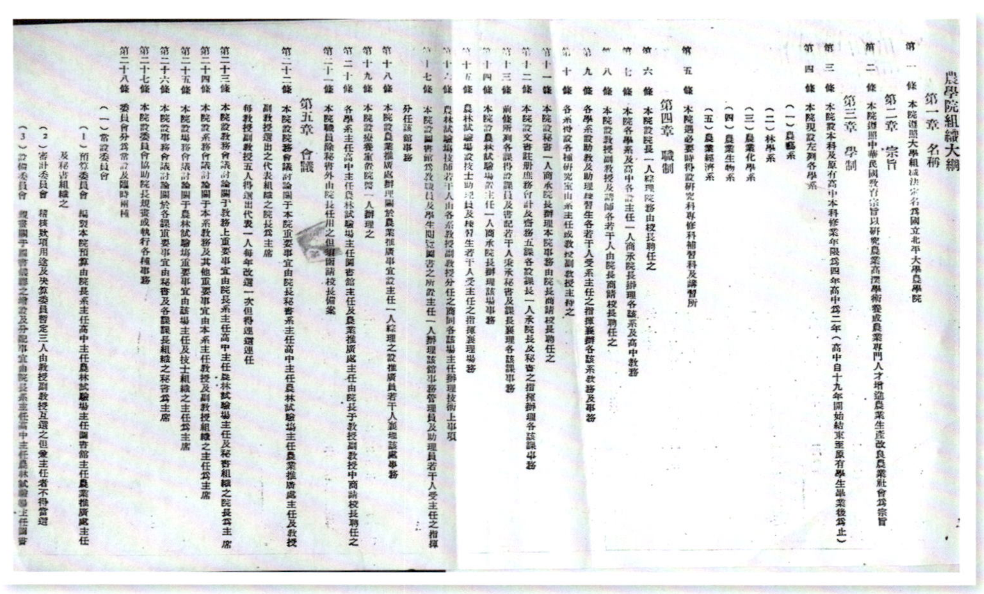

農學院組織大綱

第一章 名稱

第一條 本院遵照大學組織法定名爲國立北平大學農學院

第二章 宗旨

第二條 本院遵照中華民國教育宗旨以研究農業高深學術養成農業專門人才增進農業生產改良農業社會爲宗旨

第三章 學制

第三條 本院設本科及原有高中本科修業年限爲四年高中爲二年（高中自十九年開始結束至原有學生畢業後爲止）

第四條 本院現設左列各學系

（一）農藝系

（二）林學系

（三）農業化學系

（四）農業生物系

（五）農業經濟系

第五條 本院遇必要時得設研究科專修科補習科及講習所

第四章 職制

第六條 本院設院長一人綜理院務由校長聘任之

第七條 本院各學系及高中各設主任一人商承院長辦理各該系及高中教務

第八條 本院設教授副教授及講師各若干人由院長商請校長聘任之

第九條 各學系設助教及助理練習生各若干人受系主任之指揮襄辦各該系教務及事務

第十條 各系得設各種研究室由系主任或教授副教授主持之

第十一條 本院設秘書一人商承院長辦理本院事務由院長商請校長聘任之

第十二條 本院設文書註册庶務會計及齋務五課各設課長一人承院長及秘書之指揮辦理各該課事務

第十三條 前條所列各課得設課員及書記若干人秉承秘書及課長襄理各該課事務

第十四條 本院設農林試驗場設主任一人商承院長辦理該場事務

第十五條 農林試驗場設技士助理員及練習生若干人受主任之指揮襄理場務

第十六條 農林試驗場技師若干人由各系教授副教授分任之商同各該場主任辦理技術上事項

第十七條 本院設圖書館爲教職員及學生閱覽圖書之所設主任一人辦理該館事務管理員及助理員若干人受主任之指揮分任該館事務

第十八條 本院設農業推廣處辦理關於農業推廣事宜設主任一人綜理之設推廣員若干人襄理該處事務

第十九條 本院設療養室設院醫一人辦理之

第二十條 各學系主任高中主任農林試驗場主任圖書館主任及農業推廣處主任由院長于教授副教授中商請校長聘任之

第二十一條 本院職員除秘書外由院長任用之但須函請校長備案

第五章 會議

第二十二條 本院設院務會議討論關于本院重要事宜由院長秘書系主任高中主任農林試驗場主任農業推廣處主任及教授副教授選出之代表組織之院長爲主席

每教授副教授五人得選出代表一人每年改選一次但得連選連任

第二十三條 本院設教務會議討論關于教務上重要事宜由院長系主任高中主任農林試驗場主任及秘書組織之院長爲主席

第二十四條 本院設系務會議討論關于本系教務及其他重要事宜由本系主任教授及副教授組織之主任爲主席

第二十五條 本院設場務會議討論關于農林試驗場重要事宜由該場主任及技士組織之主任爲主席

第二十六條 本院設事務會議討論關於各課重要事宜由秘書及各課課長組織之秘書爲主席

第二十七條 本院設委員會協助院長規畫或執行各種事務

第二十八條 委員會分爲常設及臨時兩種

（一）常設委員會

（1）預算委員會 編製本院預算由院長系主任高中主任農林試驗場主任圖書館主任農業推廣處主任及秘書組織之

（2）審計委員會 稽核款項用途及決算委員暫定三人由教授副教授互選之但兼主任者不得當選

（3）設備委員會 規畫關于圖書儀器之購設及分配事宜由院長系主任高中主任農林試驗場主任圖書

国立北平大学农学院组织大纲

❖ 学科体系不断完善

自国立北平大学农学院设系以来，学校的学科体制历经多次调整改进，最终确定了以农学、林学、农业生物学、农业化学和农业经济学为骨架的学科格局。各学科在全国教育界和农学界都具有鲜明特色和一定优势。

农艺系实验

森林系实习

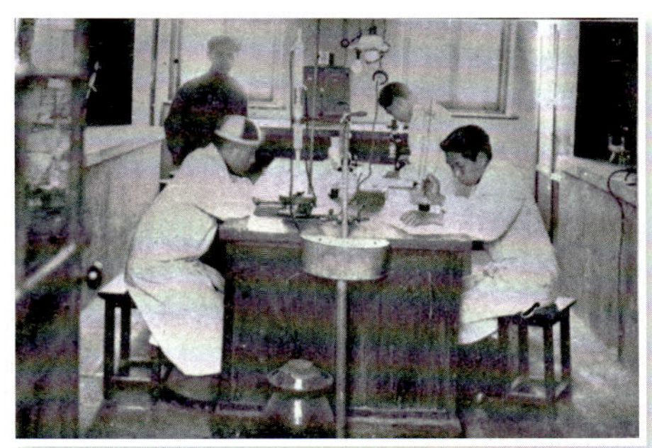

农化系实验

农业生物系实验

❖ 校园风貌焕然一新

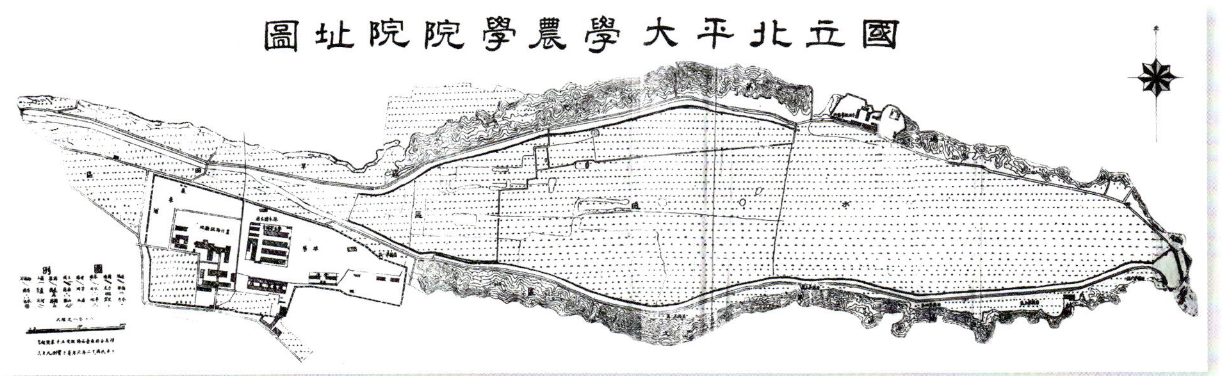

国立北平大学农学院院址（1932）

学生寄宿舍

钓鱼台气象站

温室

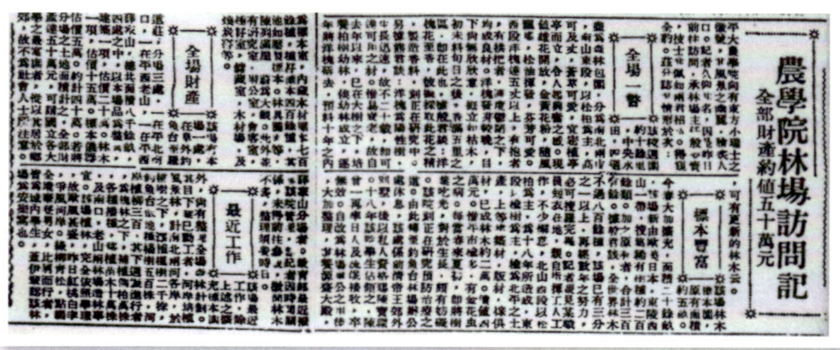

農學院林場訪問記

全部財產約值五十萬元

全場一瞥

標本豐富

全場財產

最近工作

京城媒体盛赞国立北平大学农学院林场风光（《世界日报》1933.04.17）

校园雪景

❖ 名师荟萃学术昌盛

国立北平大学农学院注重充分发挥各科教授的所学专长，在各个领域深入开展研究，逐步形成以学科带头人为核心的科研工作格局（表 1–3）。

表 1–3　国立北平大学农学院主要教学单位设置及历任主任（1929—1938）

教学单位	历任负责人
农艺系	汪厥明、王善佺、虞振镛、夏树人
林学系	王正、贾成章
农业化学系	刘拓、赵学海、周建侯
农业生物系	经利彬、朱凤善、费鸿年、林镕、金树章
农业经济系	董时进、王益滔、许璇、刘运筹
农场	刘和、杨京辉、曾济宽、夏树人
林场	周桢、殷良弼

农艺系

王善佺（美国佐治亚大学农学士，科学硕士）
陈宰均（美国康奈尔大学硕士，德国柏林大学研究）
亨　德（美籍，专攻养鸡学）
汪厥明（日本东京大学农学士，大学院研究）
夏树人（日本东京大学农学士）
崔步瀛（日本东京大学农学部研究）
董时厚（美国爱荷华大学农学硕士）
姚　鋈（日本高等蚕桑学校毕业）
王　模（日本东京大学理学士）
蹇先达（美国艾奥瓦州立大学农科毕业，专攻农具学）
黄厦千（东南大学地学系毕业，菲律宾中央观象台实习）
谌克终（日本东京大学农学部专攻园艺）
刘　和（美国农业大学博士）

林学系

贾成章（德国慕尼黑大学林学博士）
周　桢（德国萨克逊林学院毕业）
王　正（德国塔朗地林学院博士）
殷良弼（日本东京大学研究，专攻林产加工）
蒋兆钰（德国柏林大学林学士）

农业生物学系

费鸿年（日本东京大学毕业）
张景欧（美国加州大学农学士）
盛　成（法国留学，专攻昆虫学）
林　镕（法国理科博士）
李顺卿（美国耶鲁大学林学硕士、芝加哥大学植物学博士）
鲍鉴清（德国柏林大学毕业）
徐佐厦（德国柏林大学毕业）
夏康农（法国里昂大学硕士）
贺峻峰（日本东京大学农学部植物病理教室研究）
卢开运（美国康奈尔大学生物学士）
金树章（德国柏林大学理科博士）
经利彬（法国里昂大学理学博士，医学博士）
刘慎谔（法国里昂大学理学博士）

农业生化学系

赵学海（美国威斯康星大学化学硕士）
虞宏正（北京大学毕业）
刘　拓（美国俄亥俄州立大学工业农业化学博士）
刘家驹（法国巴黎工业学院）
杨　埙（美国密歇根大学化学硕士）
汪泰基（美国缅因大学学士）
吴竹修（美国渥太华大学化学硕士）
兰梦九（日本东京大学研究）
方　乘（法国格勒诺布尔大学理科硕士）
饶用泽（美国芝加哥大学硕士、比利时鲁汶大学博士）
吴　屏（德国柏林大学硕士）
刘伯文（日本北海道帝国大学农学士）
张湘荪（留学生，专攻有机化学）
王志鹄（意大利皇家大学农学博士）

农业经济系

董时进（美国康奈尔大学博士）
傅葆琛（美国康奈尔大学农学博士）
李景汉（美国加利福尼亚大学硕士）
陈启修（日本东京大学法科毕业）
罗敦伟（北京大学毕业）
刘侃元（日本东京大学文学士）

国立北平大学农学院各系延聘的著名学者（1932）

国立北平大学农学院的学术活动十分活跃，大批专业学术团体纷纷成立，学术刊物也渐丰富，影响日益扩大。校内学会有：农业经济学会、农业生物学会、农艺化学会、农学会等；由国立北平大学农学院发起组建的全国性学术团体有：中国作物学会、中国农业化学会、中国林学会等。

《农学周刊》于 1929 年起在《世界日报》上以副刊形式连续登载，共办 119 期，停刊于 1931 年上半年。《农学月刊》是国立北平大学农学院最重要的学术刊物，以阐扬农业学术，促进农村建设为宗旨，共办 4 卷 21 期，除发表学术论文和有价值的调查报告外，还辟有国内国际农事要闻专栏，专门介绍国内外农业经济和有关农业生产情况的报道。

農學院發起組織
中國作物學會
△現正徵求會員

農學院農藝系教授及同學。深感日前中國糧食問題、爲民生問題之中心。對于各種作物。亟應特別研究改進。以求解決辦法。該院教授汪厥明及同學于淮遠等、昨特發起組織中國作物學會。並以發布啟事徵求會員云

中国作物学会成立

《农学周刊》

《农学月刊》(1935.10—1937.06)

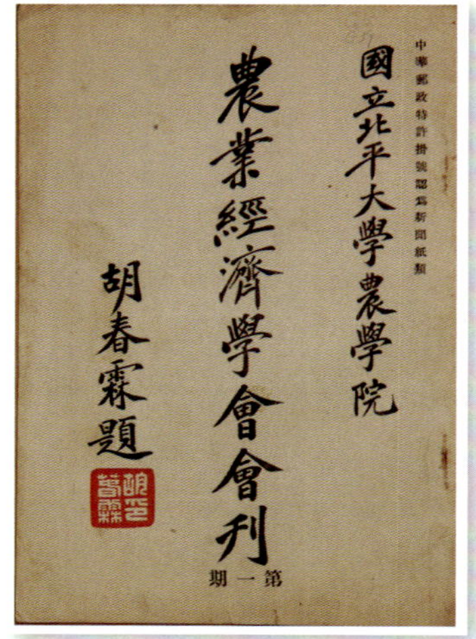

农业经济系主编的专题刊物《农业经济学会会刊》(1929—1933)

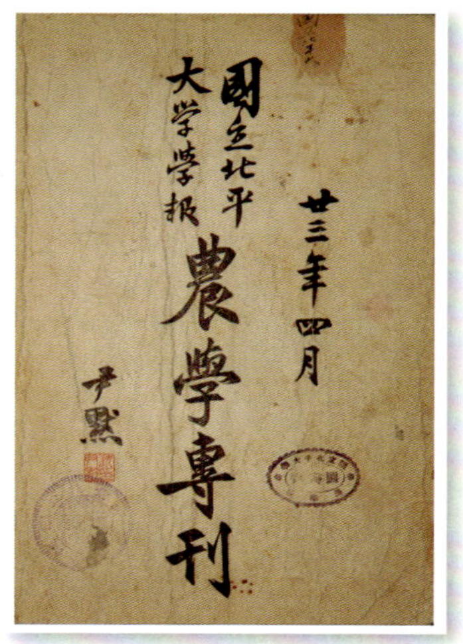

国立北平大学学报之农学专刊 (1934.04)

农学院全体师生合影 (1931)

毕业纪念钟揭幕典礼

農學院

△抗日救國週報

定本週起出版

北平大學農學院抗日救國會，決定本週起出版抗日救國週報，該報內容分五欄，即言論，新聞，圖畫，雜談，讀者的話，公推余其心，雷[illegible]，官熙光，呂天松，張伯蘭等爲各部主任，並推定劉印侯負召集主任會議責任。又該會去函北平大學辦公處，請對於藝術學院被開除之學生十四人，恢復學籍云。

出版抗日救国周报

学生篮球队与足球队

国术队

“九一八”事变后，国立北平大学农学院学生参加军事训练，时刻准备投入到保家卫国的战斗中去

“一二·九”运动中，国立北平大学农学院学生在西直门等处参加游行

❖ 建设乡村服务农民

面向农村，服务农民，振兴农业，是农大的立校之本。国立北平大学农学院继承早期“农业革新社”的传统，情系“三农”，积极尝试开展农村工作，推进“社会建设”。

①推进农村建设实验区。

②指导农村合作社。

③建立数十个模范村。

④建合作农场。

⑤发起农机化、工业化运动。

⑥推广农民教育。

⑦促成国家对农产、农民生活的保障。

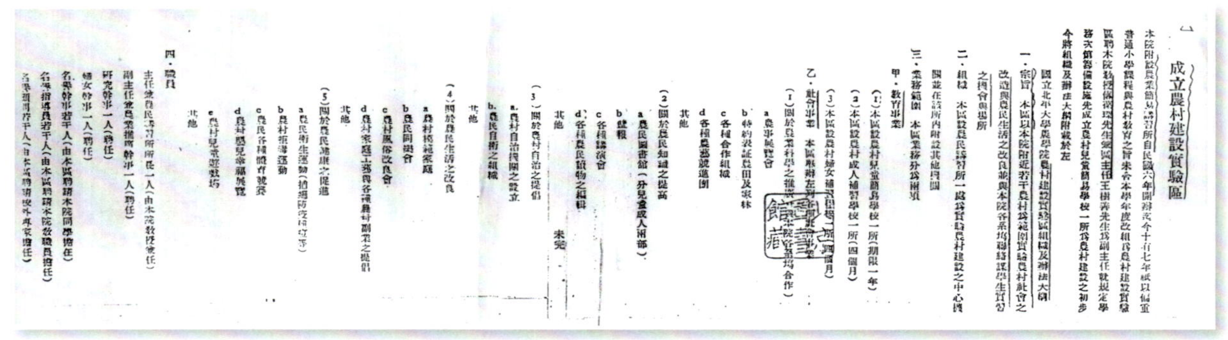

成立農村建設實驗區

本院附設農業簡易講習所自民國六年開辦迄今十有七年祇以偏重普通小學課程與農村教育之旨未合本學年度改組爲農村建設實驗區聘本院教授[illegible]先生爲主任王樹菁先生爲副主任就規定事務次第籌備設施先成立農村兒童簡易學校一所爲農村建設之初步今將組織及辦法大綱附載於左

國立北平大學農學院農村建設實驗區組織及辦法大綱

一·宗旨 本區以本院附近若干農村爲範圍實驗農村社會之改造與農民生活之改良並與本院各系均聯絡謀學生實習之機會與場所

二·組織 本區設農民講習所一處爲實驗農村建設之中心機關並在該所內附設其他機關

三·業務範圍 本區業務分爲兩類

甲·教育事業

(1)本區設農村兒童簡易學校一所(期限一年)

(2)本區設農村成人補習學校一所(四個月)

(3)本區設農村婦女補習學校一所(四個月)

乙·社會事業 本區舉辦左列各事業

(1)關於農業科學之推廣(與本院各系均合作)

a 農事展覽會

b 特約表証農田及森林

c 各種合作組織

d 各種農藝競進團

其他

(2)關於農民知識之提高

a 農民圖書館(分兒童成人兩部)

b 壁報

c 各種講演會

d 各種農民讀物之編輯

其他

(3)關於農村自治之提倡

a 農村自治機關之設立

b 農民自衛之組織

其他

(4)關於農民生活之改良

a 農村模範家庭

b 農民同樂會

c 農村風俗改良會

d 農村家庭工藝與各種農村副業之提倡

其他

(5)關於農民健康之促進

a 農民衛生運動(指導防疫種痘等)

b 農村拒毒運動

c 農民各種體育競賽

d 農村嬰兒幸福展覽

e 農村兒童遊戲場

其他

四·職員

主任兼農民講習所所長一人(由本院教授兼任)

副主任兼農業推廣幹事一人(聘任)

研究幹事一人(聘任)

婦女幹事一人(聘任)

名譽幹事若干人(由本區聘請本院同學擔任)

名譽指導員若干人(由本區聘請本院教職員擔任)

名譽顧問若干人(由本區聘請校外專家擔任)

国立北平大学农学院在西郊 64 个村庄范围内建立“农村建设实验区”，谋求“农村社会之改造与农民生活之改良”

【事件】 北平大学成立始末与农大的护校运动

1927 年年底国民政府北伐完毕，南京教育部计划将全国分为数个大学区，各设一所大学，先在北平、江苏、浙江、广州试办。在北平，除先前北京九所国立大学外，天津的北洋大学、河北保定的河北大学亦在合并之列，预定组成国立中华大学，旋因北京大学抗议，改为国立北平大学，预定组织方式为：

- 北京大学文学院、保定河北大学文科合并为“北平大学文学院”。
- 北京大学理学院改为“北平大学理学院”。
- 北京大学法学院、北京法政大学、保定河北大学法科、天津法政专门学校合并为“北平大学法学院”。
- 北京工业大学改为“北平大学第一工学院”。
- 天津北洋大学、天津工业专门学校合并为“北平大学第二工学院”。
- 北京农业大学、保定河北大学农科合并为“北平大学农学院”。

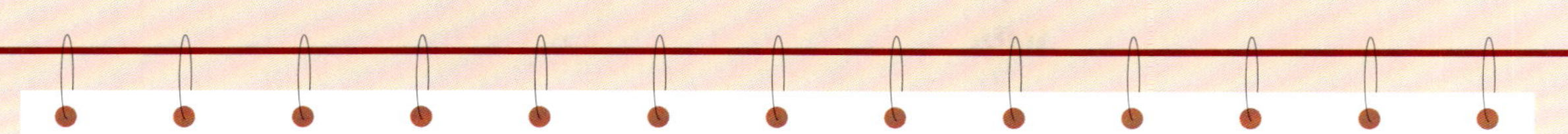

- 北京医科大学、保定河北大学医科合并为“北平大学医学院”。
- 北京师范大学改为“北平大学第一师范学院”。
- 北京女子师范大学、北京女子大学合并为“北平大学第二师范学院”。
- 北京艺术专门学校改称“北平大学艺术学院”。

因各方面持续反对，经过不断调整后，北京大学、北京师范大学、北京女子师范大学、天津北洋大学、北京艺术专门学校、保定河北大学、天津工业专门学校、天津法政专门学校先后退出，1931 年国立北平大学只剩下医、农、工、法、女子文理五个学院，国立北京大学则拥有文、理、法三个学院。

由于在 1927 年的北平大学组织机构设想中，新建的农学院院址设在河北保定的河北大学旧址，北京农业大学原址改为农事试验场或另设农业中学。消息传来，农大师生哗然，群起反对，师生迅速组织护校委员会，掀起了声势浩大的护校运动。1928 年 8 月，农大教职员上书国民政府大学院反对迁并；农大学生会上书并派代表赴南京请愿，与北平大学校长李石曾会晤，面陈意见；各届同学会、海外校友纷纷发表文章、谈话，表示反对农大迁并保定。农大迁保定的风波，不仅成为当时一大新闻热点，也引起了教育界对如何办农业教育的热烈讨论。最终，在全校师生、毕业校友和教育界多方力量的强烈反对下，农大迁并保定的方案取消。

【事件】 与农民同乐大会

面向农村、服务农民、振兴农业是创办农业大学的出发点与归宿。从农科大学建立那刻起，先辈们就不断思考与摸索，力求寻到有效途径，逐步摆脱几千年来封建社会遗留下来的脱离实际、脱离群众、轻视农民、轻视农业的陋习影响。“五四运动”以后，在新文化运动的影响下，农大师生开始走出校园，到农村去，了解农民，进行农民教育，1920 年《醒农》的创办，即体现出了农大学生对其历史责任的觉悟。

农大学生从最基础的工作入手，加强与农民的联系：作农村调查，开展农民教育。1922 年，“农业革新社”应运而生，社员们以学校附近农村、农民为对象，建立起农民夜校、农民补习学校，开展农民文化启蒙教育，同时宣传时事政治，取得了显著效果。

与京郊农民的联系日益紧密，“农业革新社”开始尝试能引起农民更大兴趣，满足其更多要求的活动形式，与农民同乐大会便是其中最成功的一项创造。从 1925 年起，每年元宵佳节“农业革新社”均组织一次盛大的与农民同乐大会，十分引人瞩目，曾在报上刊登消息。每年前来赴会的都在一两千人，甚至更多。同乐大会的内容也丰富多彩，有展览、参观（实验室开放）、农业知识讲演、京剧、新剧、音乐、舞蹈、杂技等文艺节目。往往活动进行一整天，入夜放烟火，常至凌晨始尽欢而散。

到了 20 世纪 30 年代，这项活动改在每年的 11 月 11 日与建校纪念同时举行。这时的同乐大会规模更大，内容更加丰富多彩。其中，一个重要活动是举行大型的“农产品品评展览会”。不仅是文艺同乐，也是一次农业技术推广工作，是一次学校农村工作的检阅。

同乐大会成为农大一项传统活动，直到抗日战争爆发，学校内迁被迫停止。

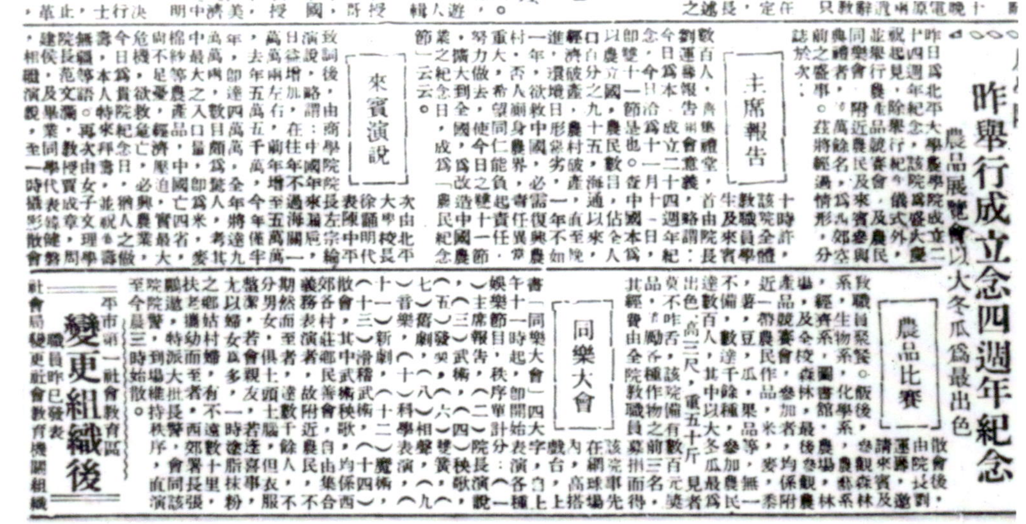

昨舉行成立念四週年紀念

農品展覽會以大冬瓜爲最出色

主席報告

來賓演說

農品比賽

同樂大會

平市社會教育區

變更組織後

国立北平大学农学院时期的建校纪念相关活动

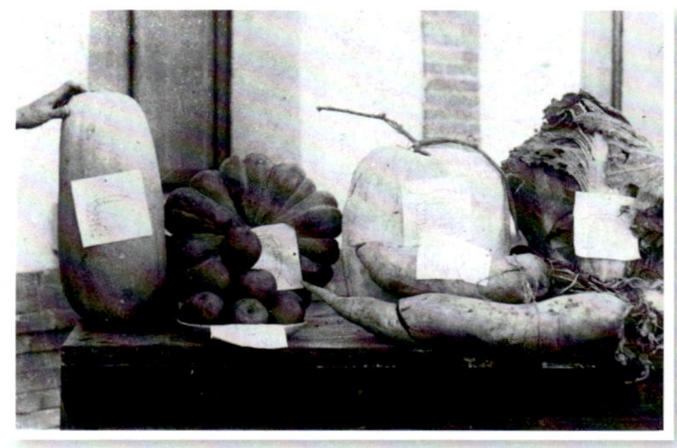

建校纪念活动之一的“农产品品评展览会”上展出优质瓜果蔬菜

农民同乐大会现场

人 物

许 璇

许璇（1876—1934），字叔玑，浙江瑞安人。农学家、农业经济学家、农业教育家，中国农业经济学学科的开创者和奠基人。

1907年，许璇赴日留学，主攻农业经济学。1913年毕业回国后，被聘为国立北京大学校农科大学教授兼农场主任。1922—1934年的12年间，许璇四度执掌农专农大，连续被选为中华农学会干事长、委员长和理事长，曾出任浙江农业专门学校校长，国立浙江大学农学院院长等职。许璇为中国农业教育与农业科学事业倾尽一生心血，因其贡献杰出，享有崇高的声望，被誉为“罕有人物”“一代宗师”。

1913年，许璇在当时的农科大学主讲农业经济学，开国内先河。他率先明确了农业经济学的意义与范围，并指出：“凡讲求农业经济者，宜外察世界经济之潮流，内审本国农业之状况，研究关于农业经济学之原理及法则，以资实地应用”。

许璇注重农业生产实践，提倡“融学术、教育与农村事业于一炉”，带学生到农村去调查，指导农民办合作社。在浙期间，他积极从事农业推广，农村经济调查、农事指导、兴办农村小学、筹建农民银行、创办合作人员养成所等事业。1934年又在北京罗道庄积极筹建“农村建设试验区”。

许璇尤其重视粮食问题，认为中国以农立国，粮食问题不解决，危机甚大。为此，他编著《粮食问题》一书，不畏血压逾200之危，每日伏案18小时整理书稿。在书中他写道：“中国粮食之一部分，向恃外国米麦为给源，至战时，势不得不力谋自给的图存，倘奖励粮食之代用法或混用法，或不至于匮乏，非力求节约不为功……此又必须有公正无私之官吏，为之督率，精明廉洁之警察为之监视，庶不至病国而扰民，凡此诸点，皆应早注意及之。”为预备可能发生的战事，他主张实行粮食统制。时至今日，暂且不评论其观点，而其治学的态度，当为后人所敬佩与学习。

许璇为学术废寝忘食，笔耕不辍，高血压日益加重，终致病逝案头。许璇去世后，国立北平大学为他举行了校葬，追悼活动规模之隆重，前所未有。蔡元培、沈尹默分别为两座墓碑题字，著名教育家马叙伦撰写墓志，中华农学会发行《中华农学会许叔玑先生纪念刊》。

人物

董时进

董时进（1900—1984），四川垫江人（现重庆市垫江县）。农业经济学家、农业教育家，中国农业经济学学科的开拓者之一。

1920年，董时进毕业于国立北京农业专门学校农学科。1922年，他赴美国康奈尔大学深造，1925年获得农业经济学博士学位并被选为美国西格玛赛学会荣誉会员。之后，他赴英国考察欧洲农业与土地制度。1926年回国，任国立北京农业大学教授兼农艺系主任。

1928—1931年的3年间，他3次出任国立北平大学农学院代理院长、院长，并兼任农业经济系主任。离开农大后，他曾筹建江西农业院，出任四川农业改进所所长，成立“中国农业协进会”，创办“现代农民社”，又自筹经费主编《现代农民》杂志，意在传达有益于农民的知识，做农民的喉舌。该刊的科普文章简明扼要，通俗易懂，对川渝地区农业、林业和畜牧业的发展等做出了一定贡献，政论文章则笔力尖锐，批判当局腐败与专制。

1945年，董时进当选中国民主同盟中央委员，后因在土地政策上与梁漱溟等人意见相左，退出民盟。1947年董时进组建中国农民党，继续其政治主张，1949年6月，中国农民党解散。1951年，董时进侨居美国。

作为早期著名的农业经济学家，董时进是研究中国“三农”问题的先驱，其思考和践行，具有独特的见解和洞察。主要观点有“以农立国”“粮食问题关乎国家安全”“农业发展与工业化可相互促进”“坚守土地私有制”“佃农优越论和中国无封建论”“主张利润农业（营利农业），反对自给自足的种粮农业”“重视水土保持，反对土壤破坏”“主张生育节制，控制人口增长”等。

作为农业教育家，董时进的一些办学理念也显得特立独行。他曾建议拆除学校围墙，提倡师生与周边农民打成一片；他积极向学生宣传农业经济学的重要性，强调农业经济与农业技术之间不可分离，要求农业经济系的学生，应在低年级修习农艺系课程，先学农业技术，再主攻经济学课程；他提出各县县长必须懂农业，县长之职最好由农业经济系毕业生担任，把教学、科研、行政等工作有机地结合，统一领导。在赣期间，他的这一想法得到了实现。

人物

刘运筹

刘运筹（1893—1960），字伯量，四川省巴县人（现重庆巴南）。农业经济学家、林学家。

1920年，刘运筹毕业于国立北京农业专门学校农学科。同年，赴英国爱丁堡大学求学。1923年，赴德国柏林农业大学从事研究工作。1925年，他被聘为国立北京农业大学教授。1932—1937年，他出任国立北平大学农学院院长兼农业经济学系教授。

刘运筹在国立北平大学农学院任职期间，正值全国抗日救亡运动风起云涌，农学院院长更迭频仍。他在政治上保守，遏制学生爱国运动，也曾因“经济问题”遭遇控告和诉讼，但仍执掌农学院四年零三个月，实属不易，建树亦不菲。其中，有两个方面最值得称颂。

第一，他提出了独具匠心的办学方针，即心理建设、物质建设和社会建设。所谓心理建设，就是思想、德育建设。他提倡人格教育、精神教育，推崇“唯生论”；所谓物质建设，是指学校发展的规划与建设，经过多年努力，农学院风貌确有较大改观；所谓社会建设，主要是指在京郊开展的农村建设工作。

第二，他在农村建设事业中做一些有意义和特色的实践尝试。他提出并推行的“农村建设实验区”，从农民教育、科技推广、村民自治、生活改良、健康促进等几个方面尝试农村社会改造，颇受北平西郊农民的欢迎，影响很大。为此，西郊几十个村庄的200多个农民曾敲锣打鼓将一块写有“福利农民”的七尺长大木匾赠予学校，以表达感激之情。

刘运筹还曾别具匠心地倡议建立“中国农民节”，选每年11月11日为纪念日，取其“双十一”的含义，即为“士”与“土”两字组合，意为知识、知识分子与土地、农民相结合，此举可谓别出心裁而蕴意深远。

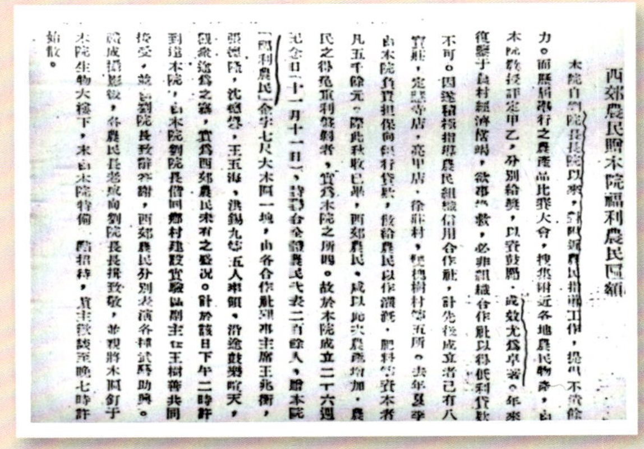

西郊農民贈本院福利農民匾額

本院自劉院長長院以來，對西郊農民指導工作，提倡不遺餘力。前歷屆舉行之農產品比賽大會，搜集附近各地農民物產，由本院教授評定甲乙，分別給獎，以資鼓勵，成效尤爲卓著。年來復鑒于鄉村經濟枯竭，欲事補救，必非組織合作社以得低利貸款不可。因遂積極指導農民組織信用合作社，計先後成立者已有八[illegible]社，定慧寺店，亮甲店，徐莊村，雙槐樹村等五所。去年夏季由本院負責擔保向銀行貸款，發給農民以作灌溉、肥料等資本者凡五千餘元。際此秋收已畢，西郊農民，咸以此次農產增加，農民之得免重利盤剝者，實爲本院之所賜。故於本院成立二十六週紀念日（十一月十一日），特召集全體農民代表二百餘人，贈本院「福利農民」金字七尺大木匾一塊，由各合作社社長邢主席王兆衡，張德隆，沈德祿，王玉海，洪錫九等五人率領，沿途鼓樂喧天，觀衆途爲之塞，實爲西郊農民未有之盛況。計於該日下午二時許到達本院，由本院劉院長偕同鄉村建設實驗區副主任王樹蕃共同接受，並由劉院長致辭答謝，西郊農民分別表演各種武術助興。[illegible]攝影後，各農民甚爲向劉院長長揖致敬，並親將木匾釘于本院生物大樓下，末由本院特備[illegible]招待，賓主盡歡至晚七時許始散。

北平西郊农民赠农学院“福利农民”木匾（1935.11）

战乱中的国立北平大学农学院（1937—1938）

❖ 西迁改组

“七七事变”后，国土沦陷。北平大学仓促转移迁往西安，与北平师范大学、北洋工学院等合组为西安临时大学。

1938 年，国民政府令西安临时大学迁往汉中，并改为西北联合大学，农学院被迫再次南迁。

西安临时大学校徽

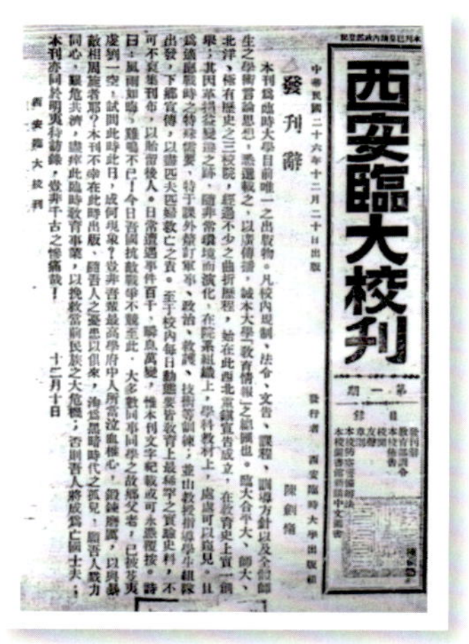
西安臨大校刊

發刊辭

西安临大校刊发刊词（1937.12）

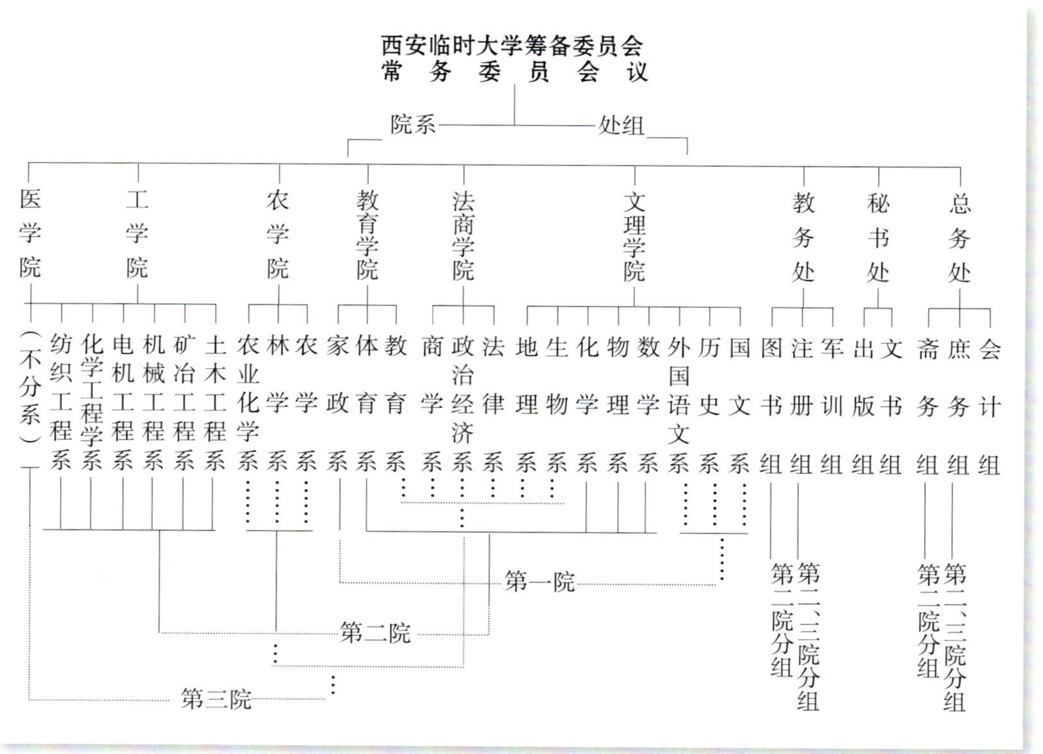

西安临时大学组织系统表（1937）

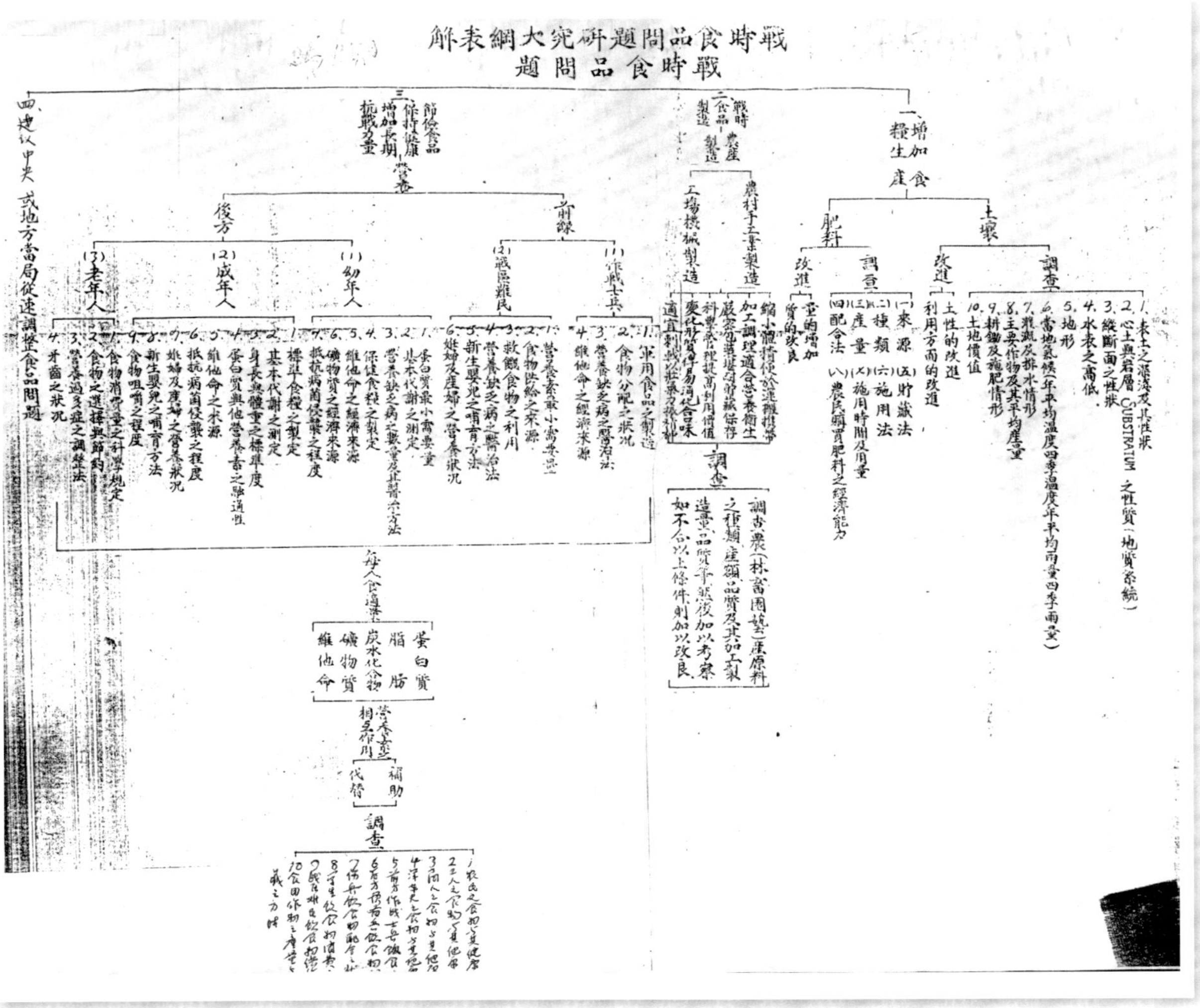

戰時食品問題研究大綱表解

戰時食品問題

- 一、增加糧食生產
  - 土壤
    - 調查
      - 1.表土之深淺及其性狀
      - 2.心土與岩層 SUBSTRATUM 之性質（地質系統）
      - 3.縱斷面之性狀
      - 4.水表之高低
      - 5.地形
      - 6.當地氣候（年平均溫度四季溫度年平均雨量四季雨量）
      - 7.灌溉及排水情形
      - 8.主要作物及其平均產量
      - 9.耕鋤及施肥情形
      - 10.土地價值
    - 改進
      - 土性的改進
      - 利用方面的改進
  - 肥料
    - 調查
      - (一)來源 (二)種類 (三)產量 (四)配合法 (五)貯藏法 (六)施用法 (七)施用時間及用量 (八)農民購買肥料之經濟能力
    - 改進
      - 質的改良
      - 量的增加
- 二、戰時食品製造
  - 農村手工業製造
  - 工場機械製造
    - 縮小體積便於運輸攜帶
    - 加工調理適合營養衛生
    - 嚴密包裝堅固耐藏
    - 利用農村副產提高利用價值
    - 變化形態易消化合味
    - 適宜制造
  - 調查
    - 調查農（林畜園藝）產原料之種類產額品質及其加工製造量品質等然後加以考察如不合以上條件則加以改良
- 三、節省食品 維持健康 增加長期抗戰力量 — 營養
  - 前線
    - (1)作戰士兵
      - 1.常用食品之製造
      - 2.食物分配之狀況
      - 3.營養缺乏病之醫治法
      - 4.維他命之經濟來源
    - (2)戰區難民
      - 1.營養素最小需要量
      - 2.食物供給之來源
      - 3.救饑食物之利用
      - 4.營養缺乏病之醫治法
      - 5.新生嬰兒之哺育方法
      - 6.姙婦及產婦之營養狀況
  - 後方
    - (1)幼年人
      - 1.蛋白質最小需要量
      - 2.基本代謝之測定
      - 3.營養素缺乏病之數量及其醫治方法
      - 4.保健食糧之製定
      - 5.維他命之經濟來源
      - 6.礦物質之經濟來源
      - 7.抵抗病菌侵害之程度
    - (2)成年人
      - 1.標準食糧之製定
      - 2.基本代謝之測定
      - 3.身長與體重之標準度
      - 4.蛋白質與他營養素之驗適性
      - 5.維他命之來源
      - 6.抵抗病菌侵害之程度
      - 7.姙婦及產婦之營養狀況
      - 8.新生嬰兒之哺育方法
      - 9.食物吸收量之程度
    - (3)老年人
      - 1.食物消費量之科學規定
      - 2.食物之選擇與節約
      - 3.營養過多症之調整法
      - 4.牙齒之狀況
  - 每人食量標準
    - 蛋白質
    - 脂肪
    - 炭水化合物
    - 礦物質
    - 維他命
  - 營養素之相互作用
    - 補助
    - 代替
  - 調查
- 四、建議中央或地方當局從速調整食品問題

战争条件下的科学研究

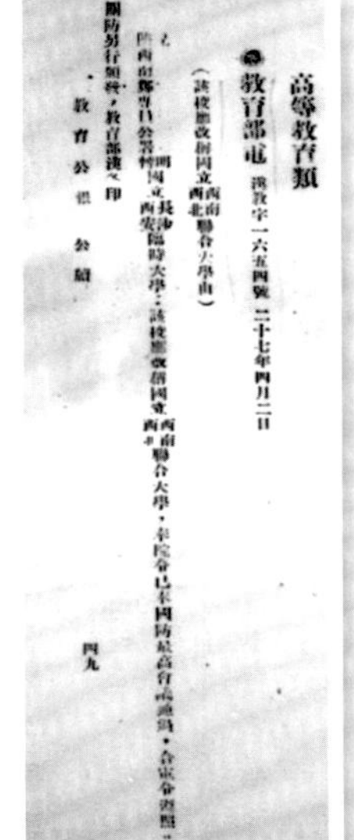

高等教育類

教育部電 渝教字一六五四號 二十七年四月二日

（該校應改稱國立西南西北聯合大學由）

長沙 西安臨時大學：該校應改稱國立西南 西北聯合大學，業陳奉已奉國防最高會議通過……

國防另行頒發，教育部漢叉印

教育公報

四九

教育部令西安临大改为西北联大（1938.04.02）

西迁汉中

1938 年 7 月，西北联合大学再被改组，农学院与西北农林专科学校合并组成国立西北农学院，最后一届学生于 1939 年毕业，农大 30 余年的历史至此一度中断。

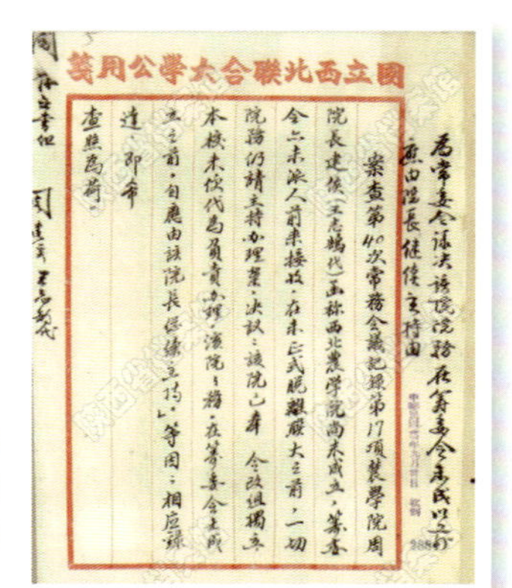

西北联合大学令农学院院长周建侯在西北农学院筹委会成立前暂管院务

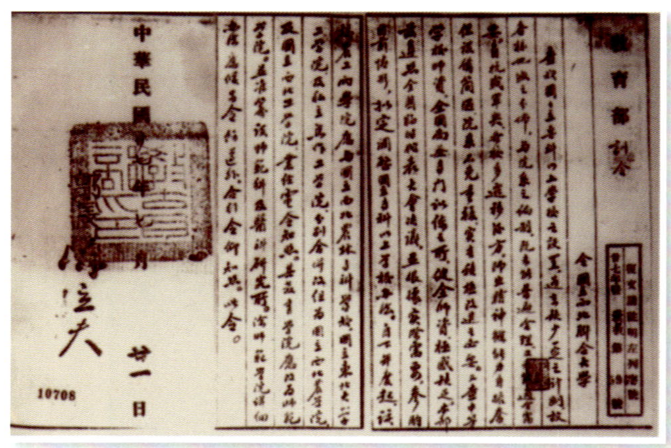

教育部令西北联大农学院与西北农专合并（1938.07.21）

农学院部分教职员合影（1939）

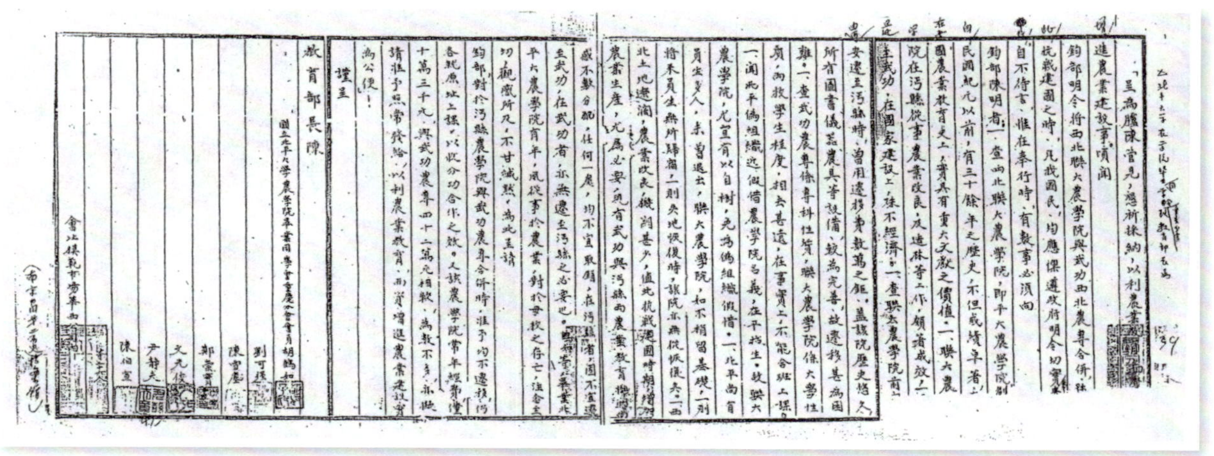

校友胡子昂等致函教育部长陈立夫，陈情述理，反对改组（1938）

❖ 校友赴台

抗日战争胜利后，国民政府接收了被日本统治 50 年之久的宝岛台湾。1945—1949 年，先后有 100 余位校友赶赴台湾，参加农林各行各业的建设工作。其中，以接收和建设台湾大学农学院与台湾省立农学院（后升格为中兴大学）的校友为最多。这一批知名学者、专家、高级管理人才的到来，使得祖国宝岛的农林业迅速走上了复兴与发展的道路（表 1–4）。

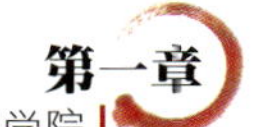

表 1–4　受邀或自愿前往台湾高等农林院校的部分知名校友

姓名	学科	职　务
沈宗瀚	农学家	1918年农专农学系毕业，赴台后长期担任台湾中国农村复兴联合委员会主任委员，对台湾农业现代化贡献巨大
王益滔	农经学家	原国立北平大学农学院农经系教授兼系主任。后任台湾大学农学院首任院长兼农经系主任
汪厥明	生物统计学家	原国立北平大学农学院农艺系主任。到台湾后，任台湾大学农学院农艺系主任，建立了我国第一个生物统计研究室。后被选为台湾“中研院”院士
周桢	林学家	原国立北平大学农学院林学系主任兼林场场长，赴台后任台湾大学农学院森林系主任，后任农学院院长
林谓访	林学家	1922 年农专毕业生。战后最早去台湾接管台湾林业试验所，并任台湾林业试验所第一任所长。后转任台湾大学农学院森林系主任
卢守耕	农学家	1918 年农专毕业生，战后首批赴台湾参加接管农业机构，任台湾糖业试验所第一任所长，并任台湾大学农学院教授
汤文通	农学家	原北京农业大学学生，曾任台湾大学农学院农艺系主任，台湾农业试验所所长
刘伯文	农业化学家	原国立北平大学农学院教授，曾任台湾大学农学院农化系教授，酿造研究室主任
谌克终	园艺学家	原国立北平大学农学院教授，曾任台湾大学农学院园艺系教授
易希陶	植物病虫害学家	原国立北平大学农学院教授，曾任台湾大学农学院植物病虫害系教授
王志鹄	农业化学家	原国立北平大学农学院教授，曾任台湾省立农学院院长等职
李亮恭	植物生理学家	原国立北平大学农学院教授，曾任台湾省立农学院院长、省立师范学院教授等职
刘和	农业化学家	原国立北平大学农学院教授，曾任台湾省立农学院农化系教授
黄弼臣	园艺学家	原国立北平大学农学院教授，曾任台湾省立农学院园艺系主任，台湾省凤山热带园艺试验所所长
李达才	林学家	原国立北平大学农学院教授，1947 年赴台湾，曾任台湾省立农学院森林系主任
刘慎孝	林学家	原国立北平大学农学院毕业生，曾任台湾省立农学院森林系主任
张书枕	昆虫学家	曾任台湾省立农学院植物病虫害系教授、系主任
罗清泽	病虫害学家	曾任台湾省立农学院病虫害系主任

六 国立北京大学农学院（1946—1949）

❖ 浴火重生

抗日战争胜利后，北京大学从昆明复员北平，在原国立北平大学农学院罗道庄校址增设农学院，延续了原国立北平大学农学院的历史。

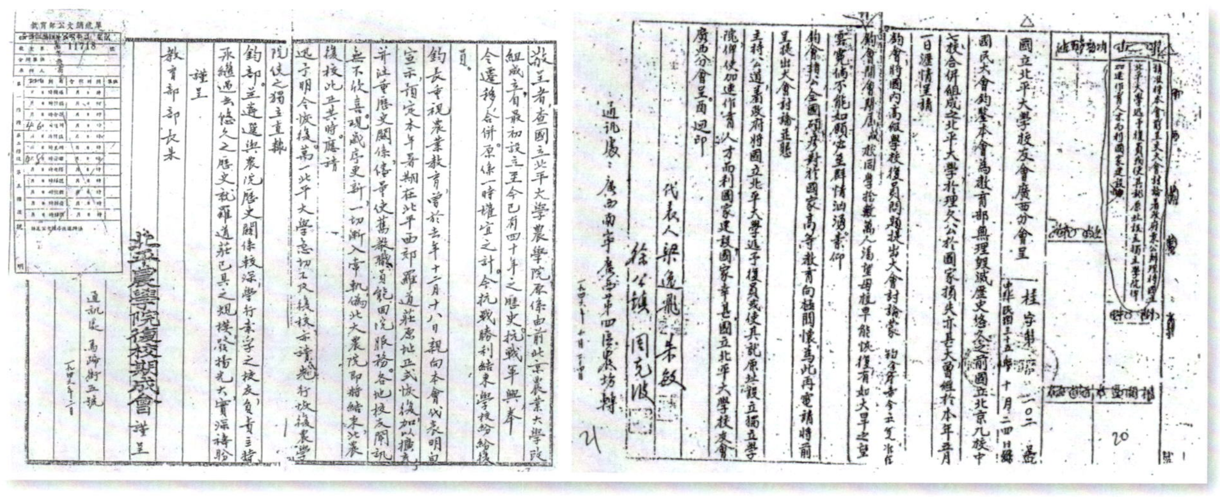

校友致函教育部呼吁国立北平大学农学院复校

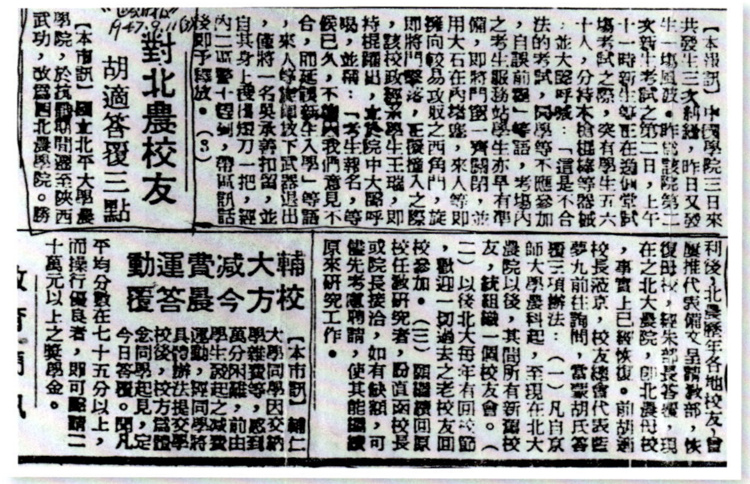

北京大学校长胡适公开声明，北京大学农学院延续原北农历史（1947.09.11）

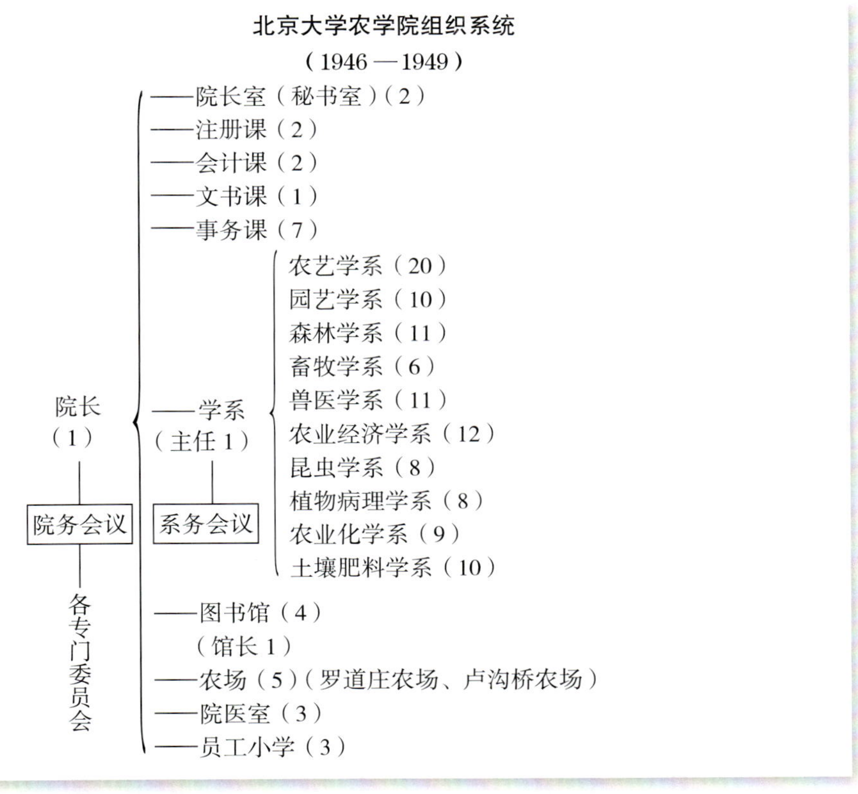

注：括号内数字为 1948 年度该组织机构的教职员工人数，不含工警人员。

北京大学农学院逐步建立并完善组织机构和工作制度，行政领导与办事机构

在俞大绂院长的主持下，北京大学农学院克服重重困难，在罗道庄校址积极重建，延聘英才，增设学系，强化基础课程。学院获得了新的发展，形成了不同于战前的办学理念，在全国农业学府中可谓翘楚（表 1–5、表 1–6）。

表 1–5　国立北京大学农学院各系主任（1946—1949）

职务	姓名
院长	俞大绂
农艺学系主任	李先闻　李景均
园艺学系主任	陈锡鑫
森林学系主任	李荫桢　汪振儒
植物病理学系主任	林传光
昆虫学系主任	周明牂
土壤肥料学系主任	陈华癸　李连捷
农业化学系主任	黄瑞纶
畜牧学系主任	汪国舆　吴仲贤
兽医学系主任	熊大仕
农业经济学系主任	应廉耕

表 1-6　国立北京大学农学院教员统计

职称	数量 / 人
教授	41
副教授	7
讲师	17
讲员	3
研究助员	9
助教	46
总计	123

注：1946 年 10 月统计

新建的农学院图书馆

牧场与农场

复建后的国立北京大学农学院校园

林场

国立北京大学农学院毕业生与师长合影，第一排左五为院长俞大绂，左六为校长胡适（1948）

❖ 终迎曙光

1946—1948 年，国立北京大学农学院师生并肩奋战，积极投身到反饥饿、反迫害、反内战运动中，有力地支持了全国人民解放战争，最终迎来了北平的解放。

国立北京大学农学院反迫害请愿游行在新华门（1947）

国立北京大学农学院学生在北京大学民主广场（1947）

国立北京大学农学院反内战游行队伍在西单（1947）

1948 年 12 月，战事迫近罗道庄一带，国立北京大学农学院将大部分师生转移至城内北大校部，院长俞大绂和部分师生坚守罗道庄保护资产。12 月 16 日，解放军进入罗道庄，国立北京大学农学院获得解放。1949 年 1 月，为保证地处前线的师生安全，北京市军事管制委员会文化接管委员会将留守在罗道庄的师生转移至良乡。

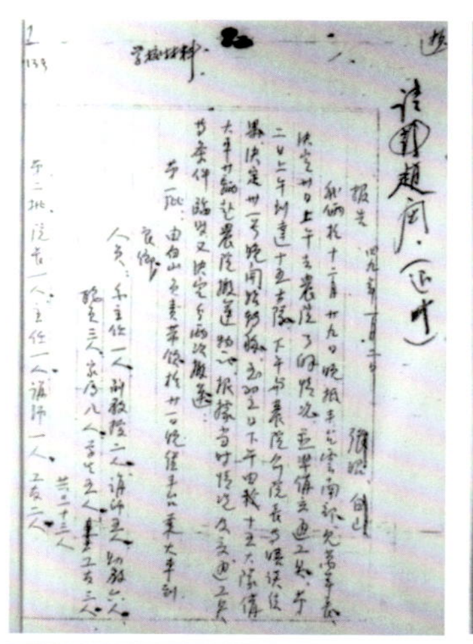

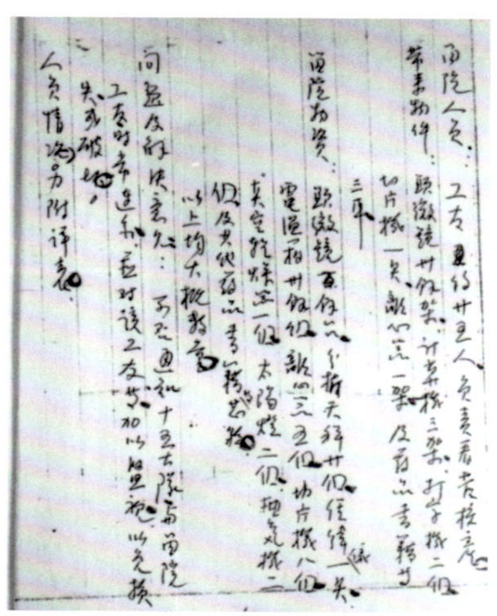

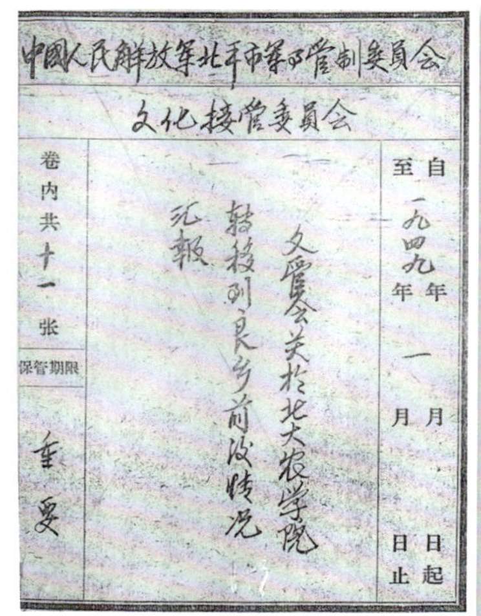

中國人民解放軍北平市軍事管制委員會
文化接管委員會

卷内共十一张

保管期限 重要

自一九四九年一月 日起
至 年 月 日止

文管会关于北大农学院转移到良乡前后情况汇报

北京大学农学院转移到良乡前后情况汇报

人 物

俞大绂

俞大绂（1901—1993），字叔佳，祖籍浙江绍兴，生于江苏省南京市。农业教育家、植物病理学家、微生物学家，中国植物病理学和农业微生物学的奠基人与开拓者之一。

俞大绂1924年毕业于金陵大学，1928年赴美国爱荷华大学深造，1932年获博士学位和金钥匙奖，并成为美国植物病理学会会员、美国西格玛赛荣誉学会会员和美国斐陶斐学会会员。回国后他历任金陵大学教授、清华大学农业研究所教授、国立北京大学农学院院长、教授、中央研究院院士；新中国成立后，曾任北京农业大学校务委员会副主任委员、教授、校长、名誉校长；1955年被聘为中国科学院首批学部委员（院士），1956年当选为苏联农业科学院通讯院士；先后任中国植物保护学会和中国植物病理学会理事长等许多职务。

俞大绂毕生为中国植物病理学、微生物学的建立和发展做了许多开创性的工作，很多成果在当时处于世界先进行列。他最早从事植物病毒病害和细菌病害的研究，发现了大麦黑穗病和条纹病的侵染规律，育成抗黑粉病小麦、抗荚疫病大豆、抗稻瘟病水稻等品种。他率先报道小麦秆黑粉菌的生理分化性，开创了我国生理育种的先河。20世纪50年代，他为治理发生在东北的苹果腐烂病做出了杰出贡献，并为新中国培养了大批植物检疫人才；20 世纪 60 年代，他对真菌异核现象做了大量的研究，选育出赤霉菌高产菌株，为微生物遗传学开辟了新的领域。

作为农业教育的一代宗师，俞大绂为我国高等农业教育所做的贡献极为突出。1946 年，俞大绂被任命为国立北京大学农学院院长，其时百废待兴。他在海内外招贤纳士，延聘顶尖知名学者为各系主任，在此基础上广揽人才，建立起一支强有力的教师队伍，其实力更胜北平大学农学院时期。同时，他不懈努力，为北京大学农学院确立了十系体制，这对后来新中国的高等农业教育和农业科学的学科架构产生了很大影响。

1980 年，他出任“文化大革命”后的北京农业大学第一任校长，为中国农业大学的恢复、重建做出了重要贡献。他创办了高等农业院校第一个农业微生物专业；他指出“农”与“工”的结合才是农业大学新的办学方向，随着科学技术的发展，农与工的结合将会越来越紧密，农业大学实际上是农业科学技术大学。

逾耄耋之年的俞大绂先生依然笔耕不辍

人　物

农大英烈

根据现有史料，在第一次和第二次国内革命战争及抗日战争、解放战争时期，有 15 位农大学生为争取民族解放和共产主义事业献出了宝贵的生命。从首都到边疆，从中原到草原，从黑土地到红壤山岗，10 多个省市县的土地都浸染过他们的鲜血。这 15 位英烈是中华民族的好儿子，是中国农业大学永远的骄傲和楷模（表 1–7）。

表 1–7　农大英烈

姓名	事迹概况
林孔唐	1923 年考入国立北京农业大学，积极参加“农业革新社”等进步组织，1925 年加入中国共产主义青年团。1926 年 3 月 18 日，参加了抗议八国最后通牒、要求驱逐八国公使、废除不平等条约的请愿斗争，遭段祺瑞军阀政府血腥镇压（“三一八”惨案），身负重伤而牺牲

续表

姓名	事迹概况
徐大昌	国立北京农业大学学生，农大最早的团员和党员之一。1926 年“三一八”惨案后，被党派往黄埔军校学习，后在讨伐军阀的战斗中牺牲
彭树范	1923 年考入国立北京农业大学，在“三一八”惨案中负伤，后派往黄埔军校学习。1927 年参加了“八一南昌”起义，之后回到广州，参加了张太雷等领导的广州起义，在战斗中牺牲
唐伯赓	1922 年考入国立北京农业专门学校。1926 年被派往湖南常德开展农运工作，领导芷江地区的革命运动。曾任中共芷江特别支部书记、芷江县农民协会主任，领导群众对土豪劣绅和反动军阀进行斗争。1927 年 4 月，被国民党反动派杀害
詹乐贫	1923 年考入国立北京农业大学，农大最早的党员之一，曾任党支部书记、学生会主席、北京地委农委委员等职。是中国妇女运动先驱帅孟奇的入党介绍人。1928 年秋任中共湘西特委常务委员，1929 年被敌人逮捕，同年在汉寿县英勇就义
李启耕	1921 年考入国立北京农业专门学校，农大最早的团员、党员之一。曾任北方区委交通处负责人、区委机关支部书记。1927 年担任安徽省临委执行委员，并任皖北特派员。1932 年出任中共中央巡视员。1933 年春，他按中央指示赴河南省视察工作时，被国民党秘密杀害
李鑫	1924 年转学入国立北京农业大学，毕业后经毛泽东推荐去云南开展工作，是云南省中共组织的创建人。1926 年 11 月，中国共产党云南特别支部成立，他出任书记。1927 年 3 月，中共云南特别委员会成立，他任委员，主管农民运动。1929 年被捕后英勇就义
黄人祥	1925 年考入国立北京农业大学，“三一八”惨案中为农大请愿队领队之一。1928 年 5 月，南京市委第三次遭破坏后，为恢复中共南京组织，黄人祥到南京工作，任市委宣传委员，后总负责中共南京市委工作。1929 年 6 月，因叛徒出卖被捕，1930 年 9 月在南京雨花台英勇就义
李次华	1923 年考入国立北京农业大学，1926 年起在梁山、重庆等地从事革命活动。1930 年 7 月，根据省委指示，组织梁山起义，任第二大队队长，在随后游击队与军阀陈兰亭所属张晓平团的战斗中失利被俘，同年 10 月被敌人枪杀
杨正元	1925 年考入国立北京农业大学。1927 年初到昆明负责国民党左派组织的筹建工作，同年 9 月被中共云南特别委员会派到普洱区工作，1929 年 6 月担任中共宁洱县委书记。1930 年底，云南省委遭到破坏，思普党组织在杨正元领导下，决定进行武装暴动。1931 年 4 被捕，因身负重伤，流血过多，不幸在狱中献身
高程云	1927 年考入国立京师大学校农科，1929 年赴日留学时，创建东京华侨小学，积极进行革命活动。1930 年归国后返回国立北平大学农学院就读，继续参加革命。曾于 1933 年参加察哈尔抗日同盟军。1937 年抗日战争爆发后，直接投身于武装抵抗日本侵略者的斗争中，不幸于 1940 年的百团大战中牺牲
李廷槐	1927 年考入国立北平大学农学院。曾在“九一八事变”后，代表北平大学学联参加南京请愿，后又加入东北抗日救国会。1932 年底，因国民党当局在农学院逮捕进步学生旋即离校，在黑龙江省巴彦地区参加东北抗日联军，从事反日活动。1943 年被捕，1944 年牺牲于哈尔滨狱中
高万章	1933 年考入国立北平大学农学院，发起建立了农学院中华民族解放先锋队。毕业后，曾担任绥远屯垦军农业技术指导员、绥远省游击军第一团上尉政训员、晋西南区党委秘书等。1940 年，任托克托县工委书记，从事秘密组织抗日救国会，建立党组织和组建小型游击队等活动。1940 年 8 月，因叛徒出卖，英勇牺牲

续表

姓名	事迹概况
吕惠生	1922 年考入国立北京农业专门学校。抗日战争爆发后，在安徽省无为县组织敌后抗日救亡工作。1941 年“皖南事变”后，为开辟皖中敌后抗日根据地，出任无为县抗日民主政府县长，后出任皖中行政公署主任。抗日战争胜利后，新四军奉命撤出皖江根据地，他在北撤途中遭国民党袭击，不幸被捕，1945 年 11 月英勇就义
张星图	1935 年考入国立北平大学农学院。抗战爆发后，回到家乡子长县从事革命工作。1945 年担任中共长子县委副书记、书记。为了全县的解放和治理战争创伤、重建家园以及巩固人民政权，不顾身体疾患，坚持带病工作，耗尽心血精力。终因积劳成疾，于 1947 年 6 月不幸逝世

【事件】农学院复校始末

抗日战争胜利后，迁陕西的北平大学、北平师范大学、北洋工学院等要求复校回平津办学。

北平大学及北平大学农学院的各地校友纷纷发起了复校运动。北平大学校友会复校运动会、北平大学校友会广西分会、北平大学农学院复校期成会、北农校友总会、北平大学农学院同学会总会以及各地校友分会，纷纷致电致函教育部和国民大会，要求国民政府兑现承诺：恢复北平大学及其农学院。

国民政府未采纳校友们的要求，不同意北平大学复校。而是决定：由复员后的北京大学增设农学院，作为北平大学农学院的延续。

北农校友会为此与北大校长胡适多次联系、协商，最后达成共识。胡适明确表示，“现在之北大农学院，即为延续北农历史之学院。”

1947 年 9 月初，胡适亲笔致函答复北农校友总会，函称：“北大接办北农绝不敢抹杀北农一段历史，我们很盼望北农校友，相信北大校史上，必充分记载北农的历史”。“骆驼庄（罗道庄），是你们的老家，无论何时都可‘回家’，都受欢迎。”“还盼望北农校友与北大校友互相联络；参加校友会的活动。”“以后如有北农校友愿意回去做研究工作，请与院长俞大绂先生接洽，我想他一定愿意考虑。”

1947 年 9 月，胡适向新闻界公开发表声明。《世界日报》载讯（1947 年 9 月 11 日）如下：

[本市讯] 国立北平大学农学院，于抗战期间迁至陕西武功，改为西北农学院。胜利后，北农历年各地校友，曾屡推代表备文呈请教育部，恢复母校。经朱部长答复，

现在之北大农学院，即北农母校，事实上已经恢复。前胡适校长莅京，校友总会代表蓝梦九前往询问，当场胡氏答复三项办法：

（一）凡自京师大学堂农科起，至现在北大农院以后，期间所有新旧校友，统一组织一个校友会。

（二）以后北大每年有回校节，欢迎一切过去之老校友回校参加。

（三）愿继续回原校任教研究者，盼直函校长或院长接洽，如有缺额，可尽先考虑聘请，使其能继续原来研究工作。

至此，复校运动有了结果，农科大学被中断的历史得以延续。

【事件】辅仁大学农学系并入北京大学农学院

北京辅仁大学创建于1925年，前身是英敛之、马相伯在罗马公教支持下创立的北京公教大学附属辅仁社，1927年更名为私立北京辅仁大学，由史学一代宗师陈垣先生出任校长，与北大、清华、燕京一时并称北平四大名校。

1946年9月，辅仁大学成立农学系，开始招生；1948年9月，农学系改为农学院，设农学一系。1949年7月，农学院并入北京大学农学院。

1950年10月辅仁大学由中央人民政府接办，1952年9月与北京师范大学正式合并。

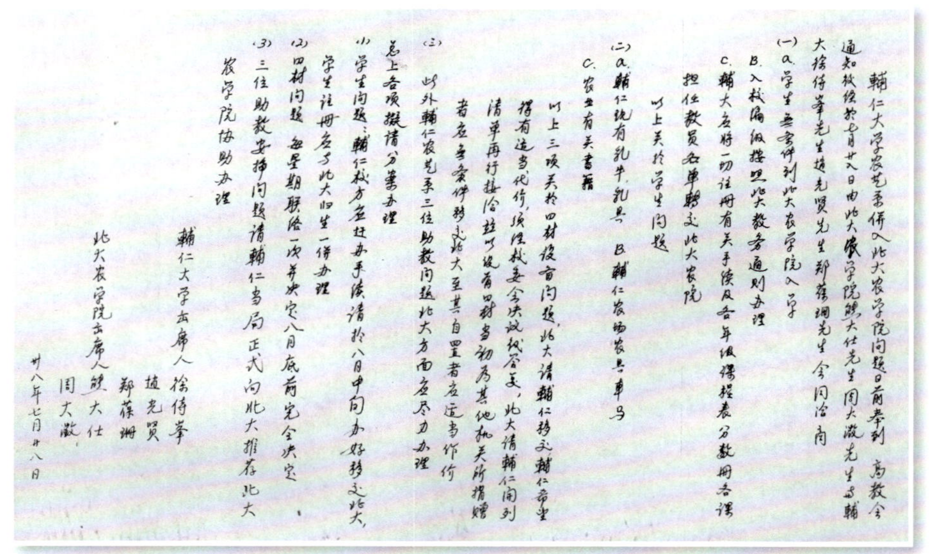
辅仁大学农艺系併入北大农学院问题日前举行　高教会通知双方于七月廿八日由北大农学院熊大仕先生周大澂先生与辅大徐侍峯先生赵克贤先生郑蕃澜先生会同洽商

（一）a.学生无条件转到北大农学院入学
B.入校编级按照北大教务通则办理
C.辅大应将一切注册有关手续及各年级课程表分数册各课担任教员名单移交北大农院
以上关于学生问题

（二）a.辅仁现有乳牛、乳马　B.辅仁农场农具车马
C.农业有关书籍
以上三项关于四材设备问题，北大请辅仁移交，辅仁希望得有适当代价，须经校委会决议，双方答复，北大请辅仁开列清单再行接洽，兹以设备四材多初为其他机关所捐赠者应无条件移交北大，至其自置者应适当作价

（三）此外辅仁农艺系三位助教问题北大方面应尽力办理

总上各项拟请分案办理
（1）学生问题：辅仁校方应赶办手续，请于八月中旬办好移交北大，学生注册名分与北大旧生一併办理
（2）四材问题　每星期联络一次并决定八月底前完全决定
（3）三位助教安插问题请辅仁当局正式向北大推荐北大农学院协助办理

辅仁大学出席人　徐侍峯　赵克贤　郑蕃澜
北大农学院出席人　熊大仕　周大澂
卅八年七月廿八日

辅仁大学与北京大学达成协议，将农学系并入北京大学农学院（1949.07.28）

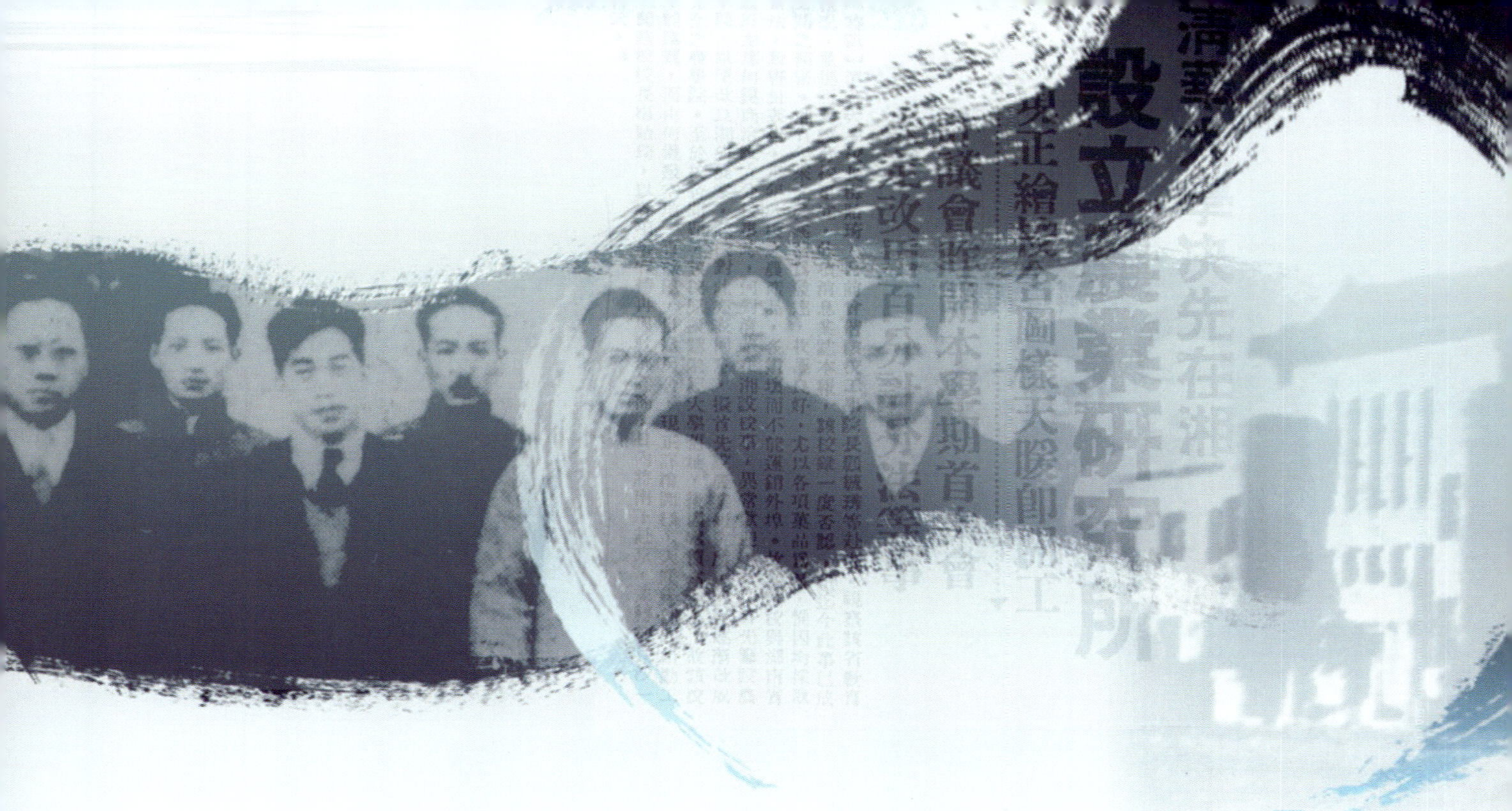

第二章 清华学校农科——清华大学农学院

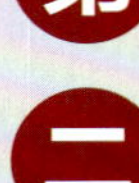

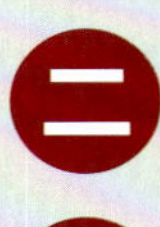

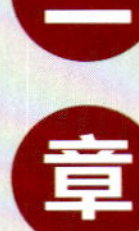

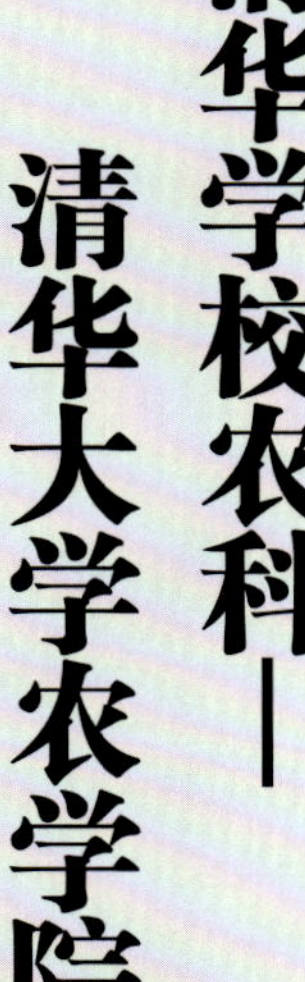

在风雨如磐的现代中国历史中，中国农业大学的另一个重要学养与传统源自清华。从最初的清华学校农科，到后来的清华大学农学院，一批又一批的『多有志向学习农科者』经由清华赴美学习农学或生物学，他们中的大多数学成后归来报效祖国，成为中国现代农学研究和农业高等教育的中坚力量。

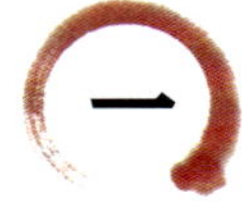

一 农科初创（1921—1928）

清华在建校初期已经开始设置农学有关课程，以适应学生留美深造农科之需。1921 年，清华学校学制改革，将学程分为文科与实科，在实科中设农林科，教授农学、土壤学与动植物学；1926 年，清华学校大学部设立生物系、农业学系等 17 系；1928 年，清华学校改为大学，农业系撤销。

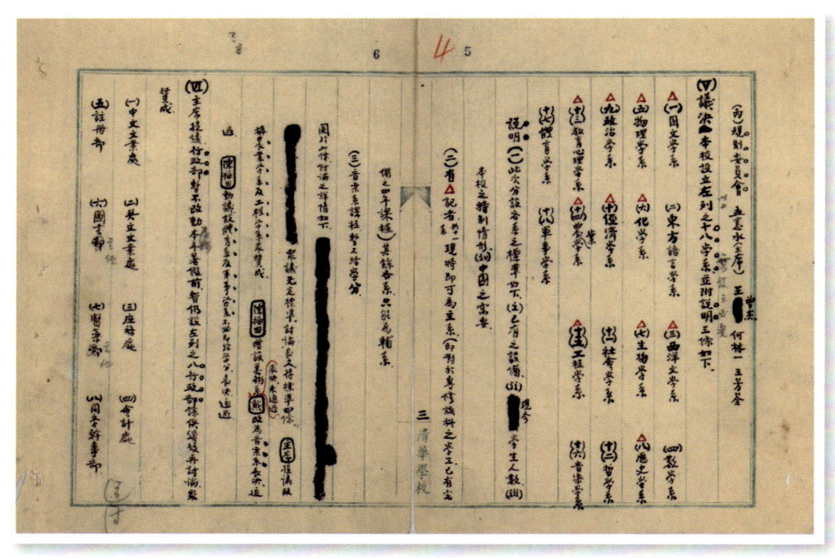

清华学校大学部设立农业学系（1926）

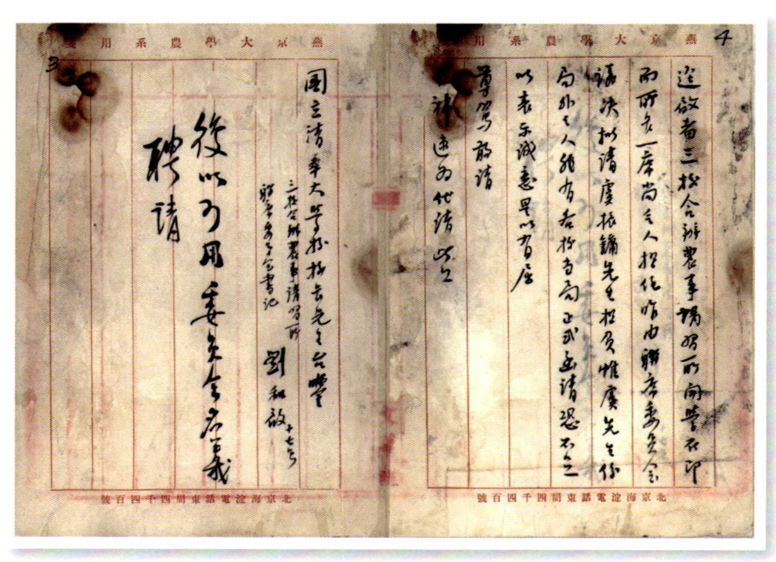

清华学校农业学系与燕京大学等联合筹办农事讲习所

人　物

虞振镛

虞振镛（1889—1962），浙江慈溪人。畜牧兽医学家、农业教育家，中国兽疫防治系统的奠基人。

1907年，虞振镛考入上海圣约翰大学。1911年，他以清华留美预备学生的身份，赴美国伊利诺伊大学攻读畜牧学，1914年毕业后入康奈尔大学深造，1915年获硕士学位。同年，虞振镛受清华聘请回国任教，主讲生物学等课程，并兼任农场主任。1921年，清华学校进行学科设置改革，他担任农学系主任负责筹建农科，增设作物学、果树园艺学、畜牧学等课程，并增聘陈隽人、周景福等教授。

1915—1928年，虞振镛在清华任教14年，躬耕田间，诲人不倦，从无到有创建了清华园农场，并以其实干精神影响了一批清华学子选择农业科学为奋斗目标，赴美深造，后成为中国早期现代农业科学家和教育家，其中有张心一、涂治、陈之长、罗清生、程绍迥、李先闻、赵连芳等。

1931年，虞振镛出任北平大学农学院代理院长。1934年他由绥远民生渠水利委员会返回北平，再任国立北平大学农学院教授兼农艺系主任，并开始整顿畜牧场。之后，他曾先后出任过实业部渔牧司司长兼种畜场场长、农林部渔牧司司长、畜牧司司长、浙江大学农学院教授兼畜牧兽医系主任、南京农学院畜牧兽医系教授等职。

在中国畜牧业历史上，虞振镛是第一个远渡重洋钻研乳牛学，并亲自选购良种奶牛回国创办模范奶牛场的学者。1923年，他再度赴美时，选购了12头黑白花良种奶牛，筹办北京模范奶牛场，这标志着中国自行从事现代化乳牛事业的兴起。之后，他愈发重视兽疫防治工作，认为这是当时条件下发展畜牧业的关键，甚至比品种改良更为重要。他出任实业部渔牧司司长期间，开始创建兽疫防治系统。抗日战争期间，他在贵州主持农业工作，继续大力宣传发展畜牧业。抗战胜利后，他继续进行建立兽疫防治系统的工作。经过他的努力，中国兽疫防治系统已露端倪，为以后中国兽疫防治系统的扩大和完善奠定了基础。

二 志存高远（1933—1946）

❖ 筹备农学院与建立农业研究所

1933年6月，教育部令清华大学增设农学院。为慎重起见，清华决定首先建立农业研究所，以此“过渡”，为日后建设农学院奠定基础。1934年7月，清华大学成立农事委员会，相当于农业研究所筹备的协调机构，校长梅贻琦任主席，以示重视。8月，农业研究所正式成立。

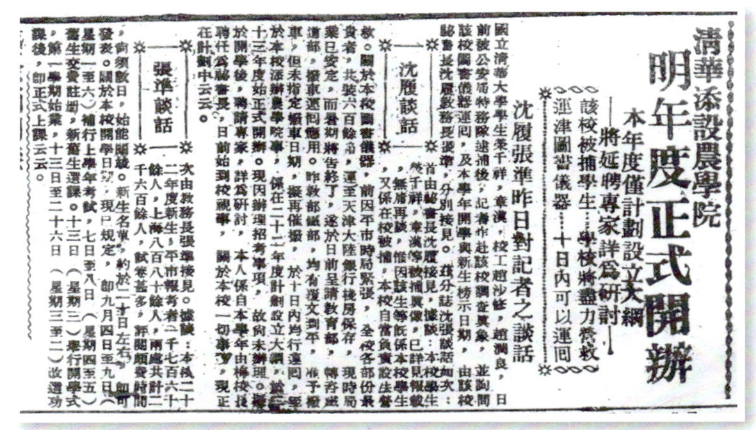

清華添設農學院 明年度正式開辦

本年度僅計劃設立大綱 將延聘專家詳爲研討

該校被捕學生…學校將盡力營救

運津圖書儀器…十日內可以運回

沈履張準昨日對記者之談話

清华大学拟增设农学院（《世界日报》1933.08.12）

教部訓令清華接管圓明園故址

園內古蹟石刻等均歸該校保存

教育部令清华接管圆明园遗址办农事试验场（《世界日报》1933.11.15）

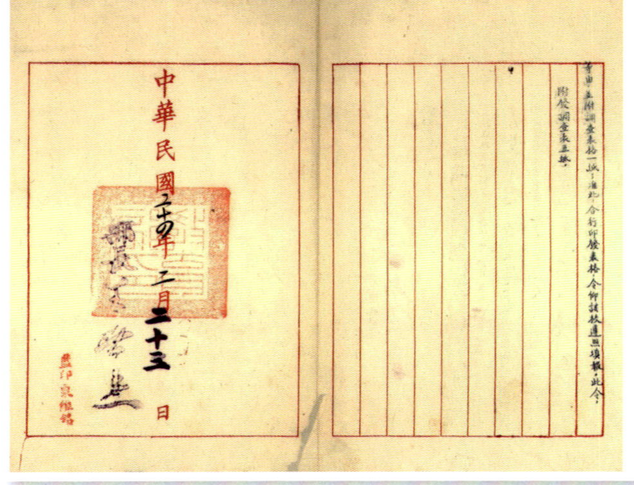

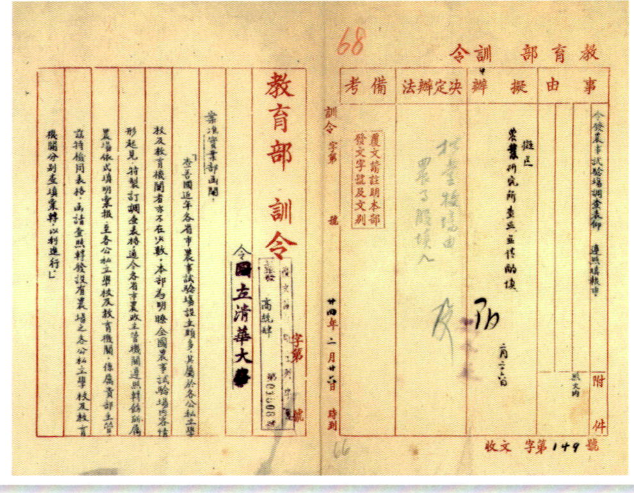

清华大学拟对农事试验场进行调查（1935）

❖ 农业研究所在华北地区的工作

农业研究所最初设植物病理学和昆虫学二组，分别由著名学者戴芳澜和刘崇乐主持工作，专注于华北地区农作物病害、虫害、真菌学及昆虫学的研究，成绩斐然。

清华农业研究所部分人员合影

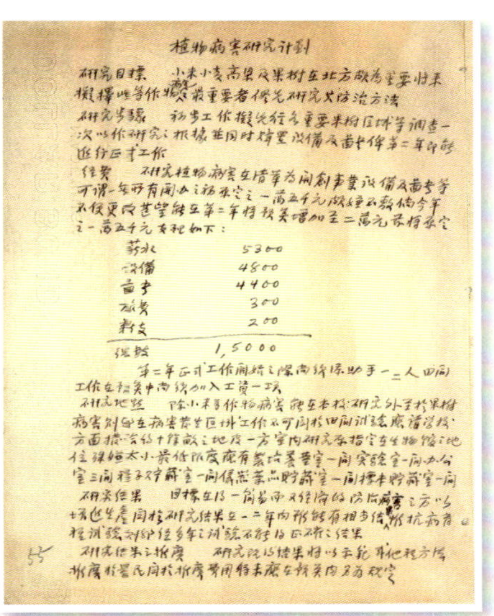

植物病害研究計劃

植物病理学组制订的植物病毒研究计划

清華農事研究所將進行

調查害虫工作

擬先由冀省農作物最豐富各縣着手

【特訊】清華大學農事研究所，鑒於農產品之產額不豐，最大原因，在未解除植物病害，是以設植物病理與植物虫害兩組，分別研究。據虫害組負責人談：擬自明年一月起實行害虫調查工作，先由河北省農作物出產最豐各縣着手，主要農產物如小麥，大麥，小米，高粱，大豆，花生，棉花等。關於除虫藥品，現在國內各農事試驗場所，多用外國藥品、殊不經濟。國產藥品，如紅礬，巴豆，鬧陽花，雷公藤等，均爲殺虫良藥，以後對於此類國產藥品，亦將設法試驗，以擴大應用。對於農民除虫土法之稍有科學性質者，擬即設法改良，因此等方法，皆爲農民用慣，且最經濟。並擬將研究結果，發刊一種通俗刊物，以期農民獲得若干農業常識云云。（21）

昆虫学组计划由河北农业大县入手开展害虫调查（1934.11）

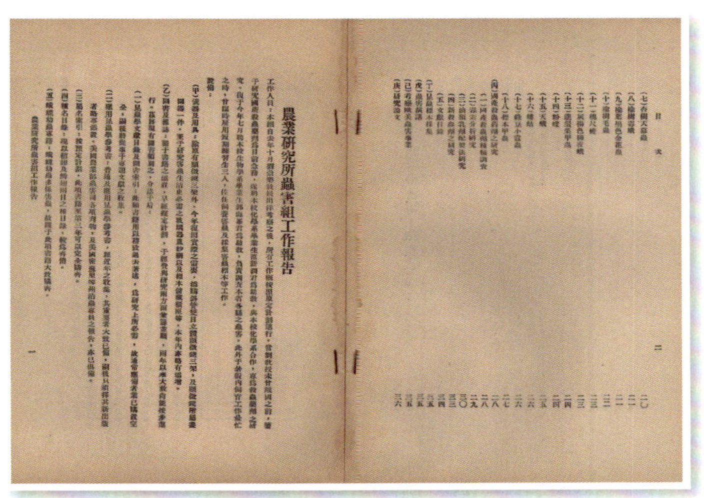

農業研究所蟲害組工作報告

清华农业研究所工作报告（1937.07）

❖ 农业研究所在南迁时期的工作

抗日战争爆发，清华大学农业研究所随校南迁，经长沙最终落户昆明。南迁途中，清华大学农业研究所的工作从未间断，并增设植物生理学组，工作重心也转移至云南一带，为西南地区乃至全国的农业科学事业做了大量的研究。昆明时期的清华大学农业研究所人才济济，他们中的绝大多数，日后都成为各自领域内的知名专家和权威学者（表 2–1）。

清华大学农业研究所昆虫学组研究人员外出采集标本（右一为陆近仁）

表 2–1　南迁后的清华大学农业研究所人员一览

组别学科	姓名
植物病理组	戴芳澜 *、俞大绂 *、周家炽、裘维蕃 *、王清和、赵士赞、王焕如、方中达、沈善炯 *、洪章训、相望年、尹莘芸、姜广正、吴征镒 *、戴铭杰
昆虫组	刘崇乐 *、陆近仁、陆宝麟 *、钦俊德 *、姜淮章、毛应斗、朱弘复、范新润、郭海峰、沈淑敏、陈德能、赵养昌、曹景熹、范文洵、何申、金孟肖
植物生理组	汤佩松 *、殷宏章 *、娄成后 *、曹本熹 *、王伏雄 *、徐仁 *、潘尚真、张信诚、张龙翔、祝宗岭、陈培生、凌宁、黄杲、陈绍龄、沈同、叶克恭、郑仁圃、刘金旭、王岳、高振衡、胡秉方、胡笃敬、罗士苇、薛应龙、郑柏林、薛廷耀、朱汝燔、刘友湘、娄康后、余瑞璜、郝崇本

注：* 者后当选中国科学院学部委员、院士

清華大學決先在湘
設立農業研究所
現正繪校舍圖樣天暖即開工
評議會昨開本學期首次會
決定改用百分計分法等事

【特訊】清華大學校長梅貽琦，月前曾偕該校工學院長顧毓琇等赴湘，視察該省教育情況，並進行籌設分校事宜，此項消息業誌本報，該校雖一度否認，但迄今此事已成公開之秘密。湘省年來之農業甚爲發達，收穫良好，尤以各項菓品爲最，惟因均採取舊法，致害虫叢生，每年收穫之農產品，多損壞而不能運銷外埠。故當該校與湖南省政府主席何鍵商洽設立分校事時，何對清華在湘設校事，異常歡迎，並請首先籌設農學院，以便改良湘省農業，該校對此亦表同意，擬首先設農業研究所，然後逐漸改成完全之農學院。至於校舍問題，該校原擬購聖經大學舊址，後因索價六十萬，故該校不能購買，而由何鍵撥公地一百餘畝，自造房舍，現正詳擬圖樣，天暖後即開始動工。聞該校校長梅貽琦，以各項事宜待再與教部詳商，日內將南下赴京，並轉往長沙一行云。

清华大学农业研究所迁往长沙（1936.03.19）

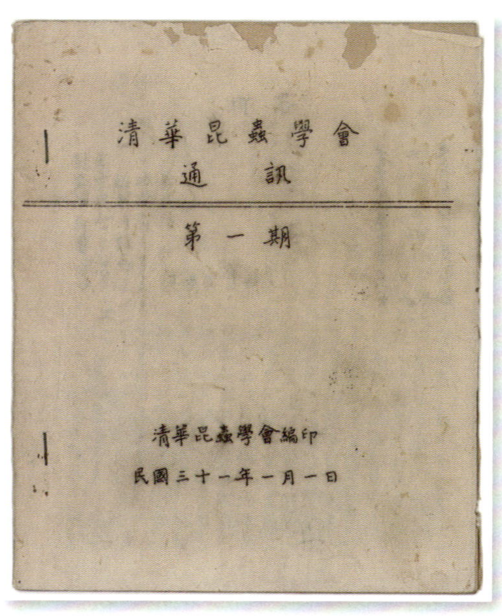

清华大学农业研究所学术刊物《昆虫学会通讯》（1942 年创刊）

人 物

戴芳澜

戴芳澜（1893—1973），字观亭，湖北江陵人。菌物学家、植物病理学家、农业教育家，中国菌物学的创始人，中国植物病理学的奠基人之一。

戴芳澜1913年结业于清华学校留美预备班，1914年赴美国威斯康星大学农学院学习，后转入康奈尔大学农学院，1918年毕业后到哥伦比亚大学继续深造，攻读植物病理学和真菌学。1929年，他与邹秉文共同发起，成立中国植物病理学会。1935年出任清华大学农业研究所教授兼病害组主任。1940年后，历任中央研究院评议会评议员、国立清华大学农学院教授兼植物病理学系主任、中央研究院院士。新中国成立后，他历任北京农业大学校务委员会委员、教授、植物病理学研究所所长、中国科学院应用真菌学研究所所长、中国科学院微生物研究所所长等职。1955年当选为中国科学院首批学部委员（院士）。同年，被授予德意志民主共和国农业科学院通讯会员（院士）称号。先后担任中国植物病理学会理事长、中国植物保护学会理事长。

戴芳澜建立了以遗传为中心的菌物分类体系，确立了中国植物病理学教学与科研系统，对现代菌物学和植物病理学在中国的创建与发展起到了奠基作用。

20世纪20年代，戴芳澜专注收集有关中国菌物的资料，他详细调查了江苏省发生在小麦、大麦和裸大麦上的14种真菌病害，鉴定了76种41属的寄生真菌，发表了多篇颇有价值的文献。从30年代初开始，戴芳澜以植物寄生真菌作为研究的重点对象，其中包括锈菌、白粉菌和尾孢菌等与农作物病害关系极大的菌类。1930年，他的论文"三角枫上白粉菌之一新种"，是中国真菌学家首次报道真菌新种，是真菌学在中国创立的标志。1931年，他发表了中国菌物形态学最早的研究成果"竹鞘寄生菌之研究"，为中国菌物分类工作奠定了基础，提供了借鉴。

1932—1939年，他以"中国真菌杂录"为题，陆续发表多篇文章，后在此基础上编辑《中国经济植物病原目录》（1958）。在他的主持下，中国科学院植物研究所真菌和植物病理研究室及后来的应用真菌学研究所、微生物研究所在菌物学各个领域都取得了可喜成果，同时带动了其他学科（如药学界）对菌物的调查和研究，从而拓宽了对中国菌物资源的认识。他积一生成果，编写的巨著《中国真菌总汇》一书，更是中国菌物分类的经典著作。

人　物

刘崇乐

刘崇乐(1901—1969)，字觉民，祖籍福建闽侯（今福州市），出生在上海。昆虫学家、教育家，中国昆虫学学科的奠基人之一，中国资源昆虫学的开创者。

刘崇乐1916年考入清华学校，1920年赴美国康奈尔大学深造，1922年毕业后入该校研究院专攻昆虫学，1926年获博士学位。回国后，他历任清华大学生物学系教授兼系主任、北京静生生物研究所研究员、东北大学生物学系系主任、国立北平师范大学生物学系教授兼系主任等职。1934年清华大学成立农业研究所，他受聘创建昆虫学组。1946年被聘为国立清华大学农学院昆虫学系主任、教授。1949年后，历任北京农业大学昆虫学系主任、教授兼昆虫学研究所所长、中国科学院昆虫研究所研究员。1955年当选为中国科学院首批学部委员（院士）。

刘崇乐是中国害虫生物防治研究的倡导者和先驱者。早在20世纪20年代，他就开始了橘叶蛾的生物学、环境因子及寄生现象的研究。20世纪30年代开始，他致力于害虫的种类与防治的研究，从事过中国膜翅目胡蜂总科昆虫分类工作和文献目录工作，后又从事鞘翅目瓢虫科昆虫的形态分类及生物学等诸方面的研究，为中国瓢虫科昆虫系统分类研究奠定了科学基础。

1951年，他参加中国首次飞机灭蝗工作，为中国治蝗灭蝗首立战功，得到党和国家领导人的高度赞扬。1952年，他参加“美帝国主义细菌战罪行调查团”前往中朝边境调查取证，查获了美军投放的带菌昆虫，向国际科学委员会提出了有力的证据，揭露了美军罪行。

刘崇乐还是中国资源昆虫学发展的开创者。他将资源昆虫学的内涵大大拓宽，特别是关于紫胶虫和紫胶资源的开发利用研究，为中国紫胶虫的人工放养、产区的扩大、产量的提高做出了卓越的贡献。

三 独树一帜（1946—1949）

抗日战争胜利后，清华大学复员北平，正式筹办农学院，汤佩松任院长。农学院秉承了清华传统，精益求精，以“造就农业科学研究人才”为主旨，形成了别具一格的办学理念与风格：所系合一的教学与研究体制；少而精的教师队伍（表 2–2）；严格的学生招录与培养；自由活跃的学术氛围。

原组	组建	所 / 系
植物病理组	→	植物病理所 / 植物病理学系
昆虫组	→	昆虫所 / 昆虫学系
植物生理组	→	农业化学所（植物生理所）/ 植物生理学系

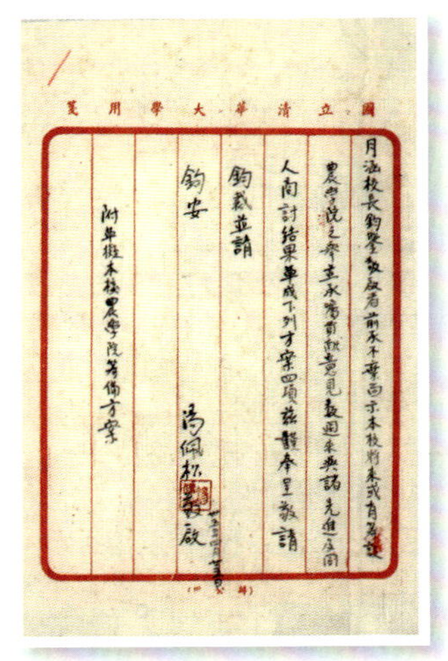

國立清華大學用箋

鈞裁並請

鈞安

湯佩松 敬啟

附草擬本校農學院籌備方案

汤佩松致函校长梅贻琦，提出农学院筹备方案（1946.04.25）

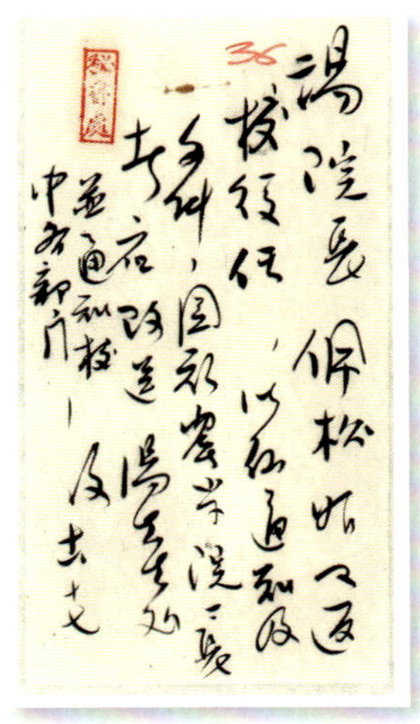

汤佩松任农学院院长

清华大学农学院印章

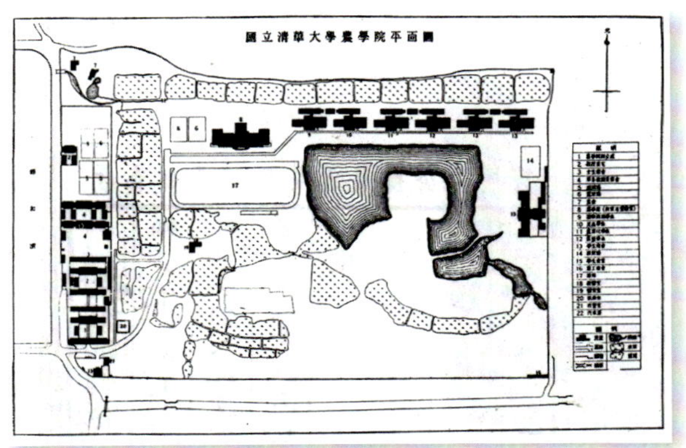

清华大学农学院平面图，院址在西苑（今中央党校南院）

清华大学农学院主楼（1947）

表 2-2　国立清华大学农学院教师人数统计

系别	1946 年下学期		1947 年	
	教授、副教授、专任讲师	教员、助教	教授、副教授、专任讲师	教员、助教
农艺学系	2	1	6	6
植物病理学系	3	4	6	6
昆虫学系	3	5	5	6
植物生理学系	3	6	6	6
其他	2	1	6	4
总计	13	17	29	28
	30		57	

注：1947 年 2 月统计

1947 年秋，清华农学院开始正式招生，报考者 540 人，录取新生 13 名；1948 年，报考者 409 人，录取新生 9 名；1949 年，清华农学院新中国成立后首次招生，人数大大增加，为 133 人。1946—1947 年 2 年共录取研究生 4 人。

清華農學院今秋招生
現設四學系將改稱
系名因與教部規定略有出入
湯佩松昨對記者談

汤佩松谈清华大学农学院招生（《世界日报》1947.04.10）

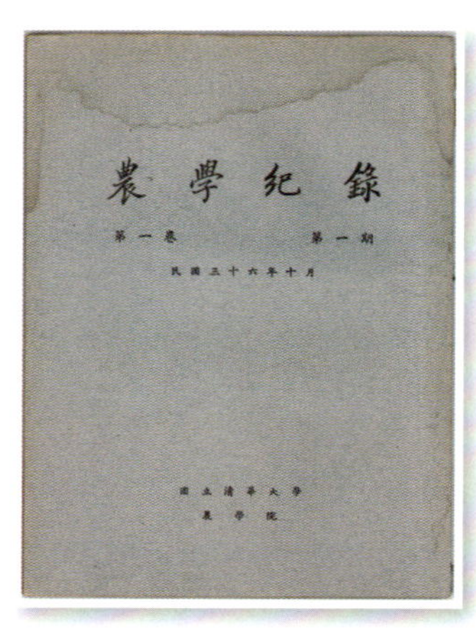

《农学记录》创刊号

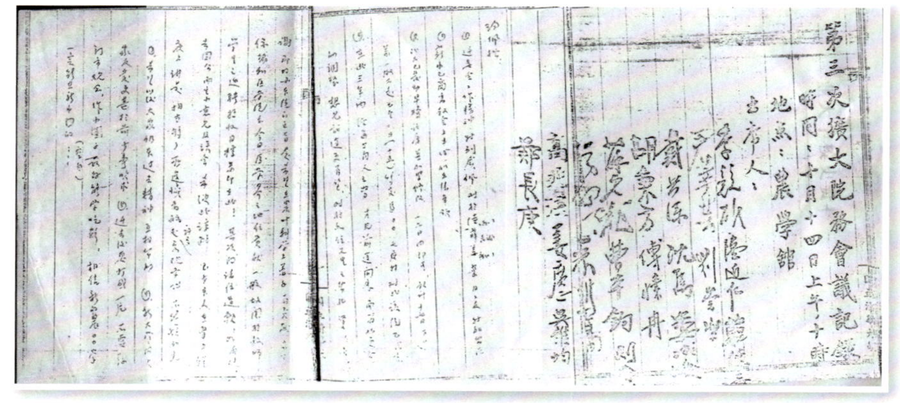
第三次擴大院務會議記錄
時間：十月十四日上午十時
地點：農學館
出席人：

汤佩松在清华农学院最后一次院务会上的讲话（1949.10.14）

昆虫学会举行第二百次演讲会（1948.01）

汤佩松

汤佩松（1903—2001），湖北浠水人，植物生理学家、生物化学家、细胞生物学家，中国植物生理学学科的奠基人之一。

汤佩松1925年于清华学校毕业后，赴美国明尼苏达大学农学院深造，次年转到文理学院，主修植物学。1927年，他以全校第一名的成绩毕业。1928年，他到美国约翰·霍普金斯大学继续深造，1930年获博士学位，同年应邀到哈佛大学进行生理学研究。1933年夏，他回国赴武汉大学生物系执教。1938年，他应邀到昆明清华大学农业研究所创办植物生理学研究组。1946年筹建清华大学农学院，1948年当选为中央研究院院士。1949年后，历任北京农业大学教授、校务委员会副主任委员、中国科学院实验生物研究所研究员、中国科学院植物研究所研究员、所长、名誉所长等职。1955年，当选为中国科学院首批学部委员（院士）。

汤佩松毕生致力于植物学、植物生理学、细胞生理学、生物化学、生物力学的研究，在哈佛大学，他证明了在高等植物体内确实存在着“呼吸酶”，也就是细胞色素氧化酶，成为发现植物细胞色素氧化酶的第一人。在武汉大学时期，他开始“细胞呼吸动力学”课题，研究生命物质形态变化和能量变化之间的关系。在昆明时期，他与著名物理学家王竹溪合作，首次运用热力学理论分析水分进出植物细胞的过程与规律（即现在通用的细胞水势这一概念），超前西方学者20年。20世纪50年代后，汤佩松对呼吸代谢作用的研究更加全面而具体，他最先提出植物呼吸代谢途径的多样性论点，并提出了完整的植物呼吸代谢控制与被控制理论，比英美学者早了10年。

鉴于在生命科学特别是植物呼吸代谢和光合作用方面所做出的超前研究和突出贡献，1959年汤佩松被国际植物学会聘请为名誉副主席，1975年被美国植物生理学会选为通讯会员（终身荣誉会员），1979年又被美国植物学会选为通讯会员（终身荣誉会员）。汤佩松成为唯一同时被两个国际知名学术团体接纳为通讯会员的中国科学家。

汤佩松在筹建清华大学农学院时，有着独特的想法，他将清华农学院办学的长远目标设为“……办一个学术水平很高的农业生物学教学和研究场所”“……办成中国农学界的PUMC（当时的北京协和医学院）。既是一个高级的教学机构，又是一个致力于生物科学研究的基地……”为了这一宏伟构想，他曾不遗余力地奔忙，但终因种种历史原因而未能实现。但汤佩松的探索与思考，给农大人留下了一份珍贵的精神遗产。

第三章 延安自然科学院生物系——华北大学农学院

农大百年的光荣革命传统和红色基因，自『五四』运动时期肇始，在陕甘宁边区成长壮大。从延安自然科学院生物系，到北方大学农学院，再到华北大学农学院，近十年时光里，学院经受了抗日战争和解放战争的洗礼，坚定贯彻和传承『教育、研究、生产』三位一体的教育方针与艰苦创业、自力更生的办学思想，发扬革命优良传统，为祖国各地各条战线输送了上千位人才。

一 筚路蓝缕（1940—1944）

❖ 开创边区农业高等教育与科学研究

创办于 1940 年的延安自然科学院是中国共产党建立的第一所理工农综合性大学，开创了我党领导自然科学高等教育的先河。自然科学院建立初期，大学部设有物理、化学、生物、地矿四系。1944 年，自然科学院并入延安大学，生物系改为农业系。

自然科学院招生启事

一、宗旨　本院以培养抗战建国的技术干部和专门技术人才为目的。

二、分部和分科　本院分为大学部、高中部和初中部。大学部设化学工程科、机械工程科、土木工程科、农业科、林牧科。

三、教育方针　大学部注重精研学理与技术实际指导的配合。中学部偏重通用技术的学习。

四、学习期限　大学部二年、高中部二年、初中部一年半，并均另加校外实习期限三月至六月。

五、入学资格　凡有志于技术科学的青年及技术人员，不分性别，均得来院学习。入大学部须在高中毕业或具有同等学力，入高中部须在初中毕业或具有同等学力，入初中部须高小毕业或具有同等学力。

六、报名地点及手续　重庆新华日报馆及延安本院报名。

七、待遇　入学后免收学膳宿费，但来时须自备路费及需用之衣被日常用品。（原有之各种科学书籍仪器最好能带来）

八、本院招生之详细简章可向各报名地点及本院索阅。

附注：本院设研究部，欢迎各种专门技术人员来院研究。

院长　李富春　　副院长　陈康白

（原载《新中华报》1940 年 5 月17、21日）

—13—

1940 年 5 月 9 日延安自然科学院招生启事
9 月开学时，农业科与林牧科改为生物系

生物系学员学习与做实验

❖ 延安自然科学院生物系的实践教学

实践教学是自然科学院时期的突出特点。生物系师生对边区的生产与农林业状况进行了广泛的调查，并积极参加农业生产建设实际工作，收效显著（表 3-1）。

表 3-1　生物系（农业系）师生主要学术及科研成果

研究成果	作者	发表时间
陕甘宁边区森林考察团报告	乐天宇等	1940 年 9 月
遗传正确应用之商讨	乐天宇	1941 年 6 月
陕甘宁盆地植物志	乐天宇、徐纬英	1949 年后正式出版
陕甘宁边区的黄土	林山	1941 年 10 月
边区植物分布及其特点	乐天宇	1941 年 8 月
本边区梨子、苹果的主要虫害及防治	乐天宇	1942 年 7 月
怎样选择公营农场及屯田地区	乐天宇	1943 年 1 月
陕甘宁边区药用植物志	乐天宇、徐纬英、彭尔宁	1943 年 8 月—11 月
蛀谷虫过冬情况的调查	延安大学自然科学院农业系	1945 年 3 月

学员下乡调研

生物系学生制作植物标本

农业系师生在农场实习

为了贯彻与实践“三位一体”教育方针，乐天宇带领生物系师生在边区广泛开展农业与林业资源调查，并在子长县地区创办实验农场，建立教学和研究基地，试种和推广经济作物，满足边区农村的生产要求。

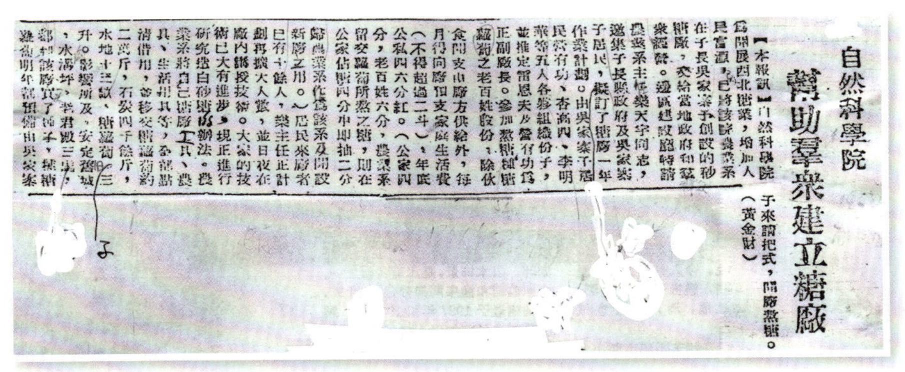

自然科學院
幫助羣衆建立糖廠
子來請把式，開廠熬糖。
（黃金財）

自然科学院帮助群众建立糖厂

乐天宇

乐天宇（1900—1984），原名天熇、天愚，又名天遇，湖南宁远人。无产阶级革命家，农林科学家，农业教育家，中国农民运动的先驱之一。

乐天宇 1920 年考入国立北京农业专门学校林学科。此间，他成为共产主义运动的积极追随者。在邓中夏指导下，他与杨开智、蒋文麟（biao）成立了当时北京高校中唯一的“社会主义研究小组”。1922 年，农专第一个青年团支部建立，他担任团支部书记。1924 年 1 月，青年团支部被批准转为党支部，他是首任党支部书记。

毕业后，乐天宇曾任中共北京西郊区委书记、张家口地委农委书记、西北督办署实业厅林业技术员等职，始终站在革命斗争的最前沿。1927 年，他回到湖南宁远，继续开展农民运动，组织建立农民协会和农民自卫武装，打击土豪劣绅。蒋介石发动“四一二”反革命政变后，革命形势恶化，乐天宇被捕，后成功脱狱。之后，他积极寻找党组织，投入到抗日救国斗争的大潮中。

1938 年，乐天宇来到革命圣地延安，开启了人生的另一段辉煌。延安自然科学院成立后，他被任命为生物系主任兼陕甘宁边区林务局局长。他和生物系师生一起，为开垦南泥湾、改良农作物、防治病虫害、指导植棉与种稻、发展桑蚕业等做了大量工作，有力推动了农牧业生产和边区大生产运动。在执掌北方大学农学院和华北大学农学院时期，乐天宇坚持“教育、研究、生产”三位一体的办学方针，重视实践教学，为革命战争服务、为农业生产服务、为农民服务，探索新的农业教育方式，贡献卓著。

北京农业大学成立后，乐天宇出任校务委员会主任委员兼党总支书记；1951 年被调往中国科学院工作；1953 年为发展我国橡胶产业，他参与华南热带作物研究所的筹建工作；1954 年，调任中国林业科学研究院研究员、一级研究员。

1981 年，已至耄耋的他余热不减，自费创办了一所民办公助的新型大学——湖南九嶷山学院，致力于培养有道德、有理想、有爱国忠民情操，有农、林、医、文等专业知识和技能的实用人才。在生命最后的 4 年里，乐天宇再一次把延安精神发扬光大，把自己人生的每一份光和热都献给了党和人民，献给了农业教育和科学事业。

【事件】 陕甘宁边区森林考察与南泥湾开发

“当年的南泥湾，到处呀是荒山，没呀人烟；如今的南泥湾，与往年不一般，不一呀般，如今的南泥湾，与往年不一般，再不是旧模样，是陕北的好江南……”

这首中国人耳熟能详的《南泥湾》，以优美的旋律热情歌颂了开荒生产建立功勋的八路军战士，歌颂了艰苦奋斗、自力更生的精神，影响了几代人。南泥湾是一座丰碑，是一种力量，已被历史铭记，但在这段传奇中，乐天宇这个名字却少有人知。事实上。乐天宇是南泥湾（曾被当地群众称为“烂泥湾”）的发现者，也是开垦南泥湾的策划者和主要参与者。

丰收

1940 年，为了解边区农林环境特性，拟定合理的森林政策，改善生产基本条件，开发林业资源，采收和培育必要的林业化学与日常生活原料，陕甘宁边区政府组建了边区森林考察团，由乐天宇主持。1940 年 6 月 14 日，乐天宇等一行六人从延安出发，历经 47 天，顺桥山山脉和横山山脉前进，途经甘泉、延安县、富县、合水、华池、曲子、志丹、靖边、安定、安塞、绥德、清涧、延长、延川、固临等 15 县，实地考察了植物生态，调查了植物资源、水土状况、垦殖条件、农业情况，采集了珍贵植物标本 2 000 余件，于 1940 年 7 月 30 日返回延安。之后，乐天宇等撰写《陕甘宁边区森林考察报告》（1943 年由《解放日报》连载），详细阐述了边区森林资源和可垦荒地情况，对“五年一小旱，十年一大旱”的边区农业气候现象做了精辟分析，强调了陕北森林在调节气候、促进生产中的关键作用，并向中央提出了开垦南泥湾的建议。报告受到了中央领导的高度重视和很高评价，时任中央财政经济部部长李富春曾批示：“……已成为凡关心边区的人们不可不看的报告，已成为凡注意边区建设事业的人们不可不依靠的材料。”

乐天宇向毛泽东主席专门汇报了关于开发南泥湾的问题，并偕同朱德总司令前往南泥湾考察。建议最终成为中央决策，八路军一二〇师 359 旅进驻南泥湾，轰轰烈烈的大生产运动开始了。经过无数人的辛勤耕耘，荒无人烟的“烂泥湾”变成了“到处是庄稼，遍地是牛羊”的“陕北好江南”。

南泥湾开发打破了国民党顽固派的经济封锁，为抗战胜利做出了巨大贡献，而延安自然科学院生物系所做的边区森林考察与开发南泥湾建议，堪称其教学与研究工作密切联系实际，为边区生产服务，为人民服务的典范。

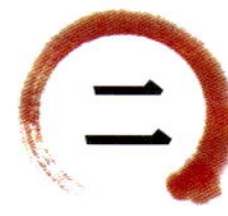

二 不畏时艰（1947—1948）

抗日战争胜利后，延安大学自然科学院开始向华北及华东解放区转移，辗转至晋冀鲁豫边区的农学系师生，加入北方大学中开始筹办农学院。1947 年 3 月北方大学农学院成立，院址设在山西省长治市，乐天宇为院长。

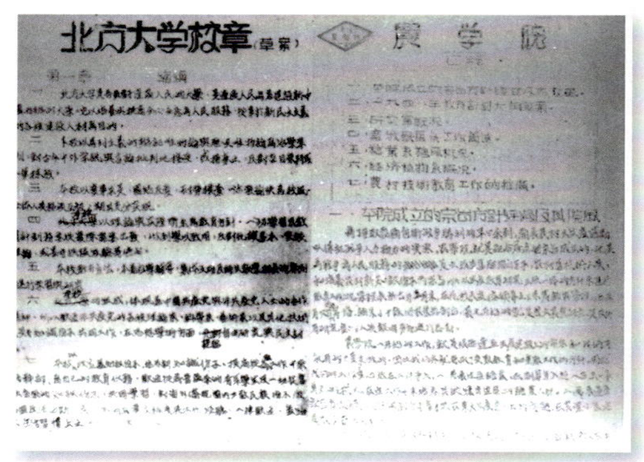

北方大学校章（草案） 农学院

北方大学校章与农学院介绍

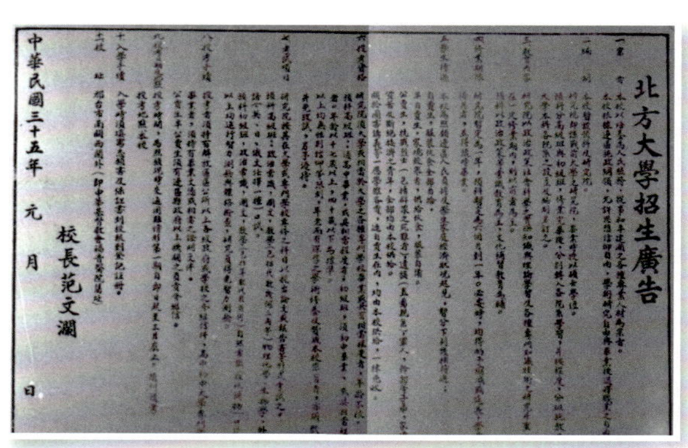

北方大学招生廣告

中華民國三十五年元月 日 校長范文瀾

北方大学招生广告

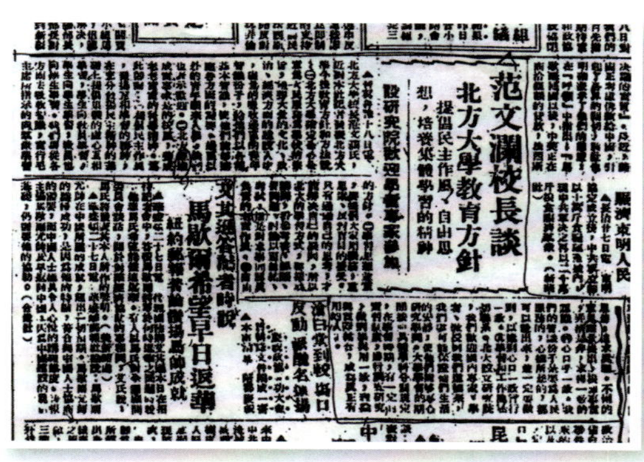

范文瀾校長談北方大學教育方針

范文澜谈北方大学教育方针
（《新华日报》1946.03.29）

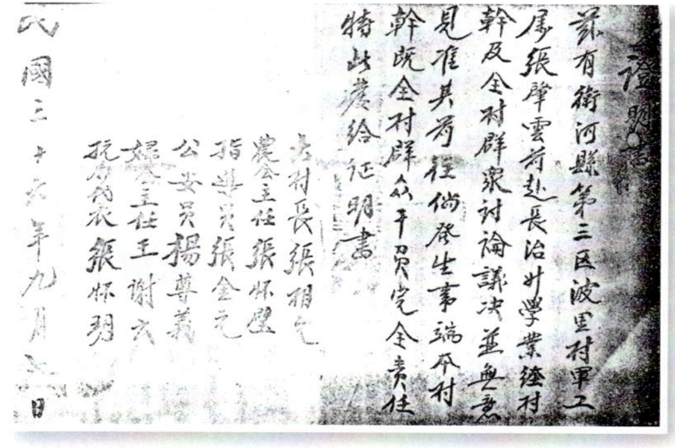

北方大学农学院学员入学证明书（1947.09）

经×区介绍来校学习兽医之贵 [illegible] 等位同志他们的学习情绪很高，就是生活上，因为大军区与边府不均负担一切费用，而我们学校又是刚创办不久，无生产基础，经济困难，因此这笔经费既不能向大军区或边府报销，本校又无力负担，今大军区司令部军政处再三来示，凡来校学习同志一切费用一概由各同志负责向原单位索取，后经来校同志开会决定，即由各学员向原单位要求发给，并由我们给予证明，是故特此证明并付上一费用表，请查看并希将该同志等之各项费用早日寄下，以利学习。此致

敬礼

北方大学农学院
十一月廿日

计：（按每人计六个月）

	小米	折价
学习办公费（包括学习纸张文具讲义费等）	117斤	17,550元
生活杂支费（包括灯油等）	40斤	6,000元
烤火费（三个月计）	18斤	2,700元
医药费（平均每月3斤6两）	20.4斤	3,035元
病号补助费（平均每月4斤）	24斤	3,600元
其他费	45斤	6,750元
总计 每人六个月共	244斤	39,635元

附注：以上各项均按目前边府发给我们之供给制度预算，小米折价按每斤150元计，一切费用多退少补，其他一切伙食 [illegible] 及过节费等费用，暂按各学员带来之供给，以后按 [illegible] ，至于服装来回路费给养等项不在内。

（完）

（中国农业大学档案馆·华北农学院 14号）

北方大学农学院学员入学介绍信（1947.11）

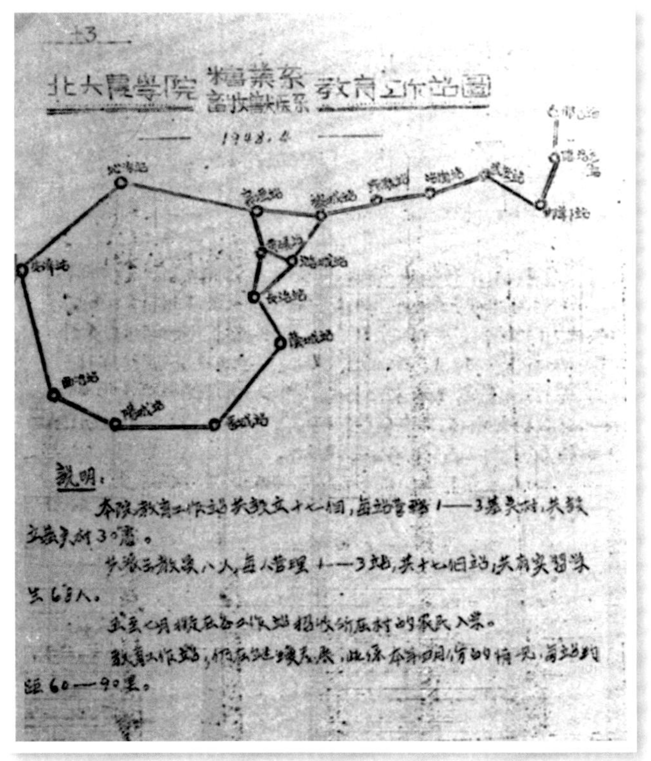

北方大学农学院坚持教育、研究、生产“三位一体”，继承自然科学院在瓦窑堡的工作经验，在太岳、太行及冀南等地建立了一批教育工作站，重点发展边区制糖和畜牧兽医事业（1948）

三
高歌猛进（1948—1949）

随着解放战争的发展，晋察冀边区与晋冀鲁豫边区连成一片，华北人民政府成立。1948 年 7 月，华北联合大学与北方大学合并，成立华北大学。1948 年 11 月，北方大学农学院正式改为华北大学农学院，迁往石家庄，原址设长治分院。

华北大学农学院院徽

華北大學正式成立
全校師生舉行盛大聯歡會

华北大学成立（《人民日报》1948.08.09）

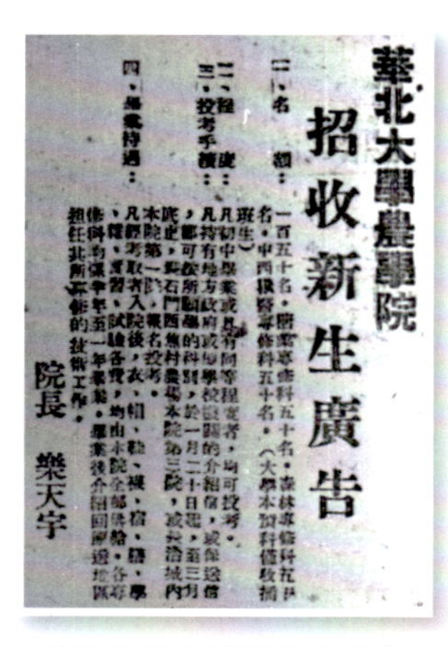

華北大學農學院
招收新生廣告

院長 樂天宇

华北大学农学院招生广告（《人民日报》1949.02.22）

華北大學農學院招生簡章

燕京大學北平考區招生通告

院長 樂天宇

华北大学农学院招生简章（《人民日报》1949.07.22）

華北大學農學院錄取新生通告

附：新生入學注意事項

院長 樂天宇

東北實驗學校中學師資部北平招考揭曉

華北電業北平分公司置產聲明

华北大学农学院录取新生通告（《人民日报》1949.08.24）

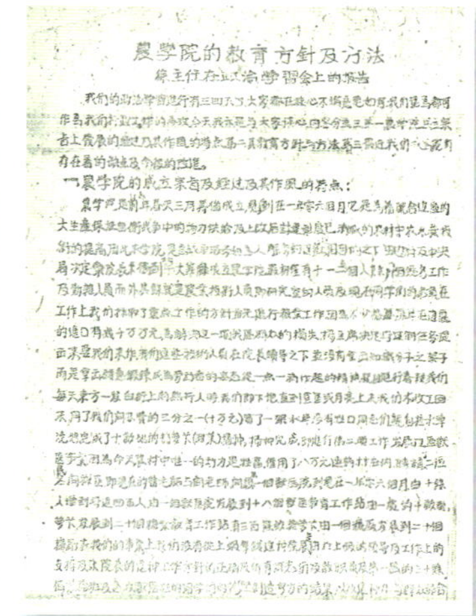

農學院的教育方針及方法

院主任徐纬英谈农学院的教育方针（1948.09.30）

华北大学农学院坚持教育为解放战争服务、教育为人民服务、理论教育必须联系实际的方针，为解放战争和边区大生产运动，提供了技术和人才支持。华北大学农学院于1948年6月创办院刊《农讯》，呈送给毛泽东、朱德、李富春、李强等中央领导及有关部门参阅。

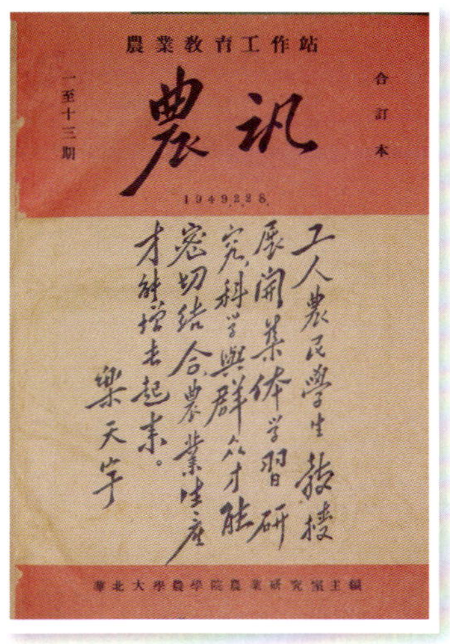

华北大学农学院院刊《农讯》

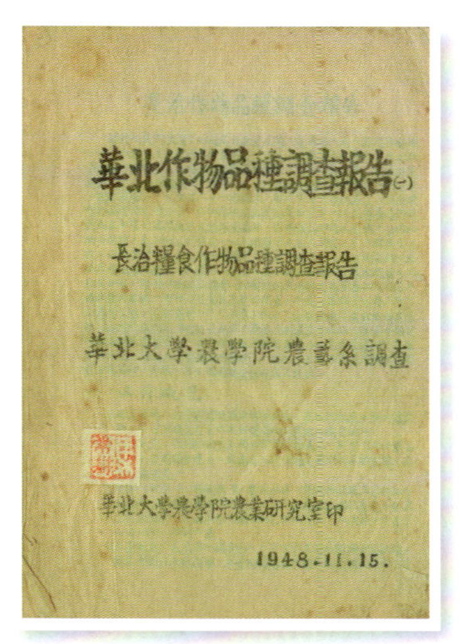

华北作物品种调查（1948.11）

華大農學院發展糖業

推廣甜蘿蔔設立製糖廠

幹部積極領導春耕準備

华北大学农学院推广制糖业（《人民日报》1949.03.10）

华北大学农学院学生在文津街（1949.09）

华北大学农学院石家庄学习互助组（1949.09）

华北大学农学院学生在石家庄的娱乐活动（1949.09）

第四章 北京农业大学与北京农业工程大学

新中国成立前夕，华北地区的高等教育力量在中央的统筹下，开始酝酿大的调整。北京大学、清华大学、华北大学的三所农学院合并已是大势所趋。1949年12月合并完成，新中国第一所多科性农业大学——北京农业大学诞生。

为大力发展社会主义集体农业和机械化农业，培养高级技术人才和管理干部，1952年10月，中央农业部机械化农业专科学校、华北农业机械专科学校、北京农业大学农机系等单位合并成立北京机械化农业学院，1953年更名为北京农业机械化学院，1985年更名为北京农业工程大学。

北京农业大学和北京农业工程大学（北京农业机械化学院），犹如中国农业高等教育界的两颗明珠，他们和祖国一起，在不断探索中求发展，寻突破，为中国农业高等教育的发展和国家现代化的实现殚精竭虑，做出了不可磨灭的贡献。在曲折的经历中，在坎坷的岁月里，北农大和农工大坚忍顽强的精神得到磨砺和锤炼，学校情系民生的传统得以继承和发扬。

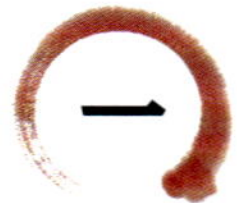

一 合流掀巨澜（1949—1952）

❖ 北京农业大学的诞生

北平解放之初，中共中央考虑对平津两地高校进行改革和调整。1949 年 9 月 10 日，华北高教会正式宣布，北京大学农学院、清华大学农学院和华北大学农学院合并。只用一个半月，合并与搬迁工作就顺利完成。12 月 17 日，新领导班子宣布就职，乐天宇任校务委员会主任，俞大绂、汤佩松任副主任。1950 年 4 月 8 日，北京农业大学校名确定。

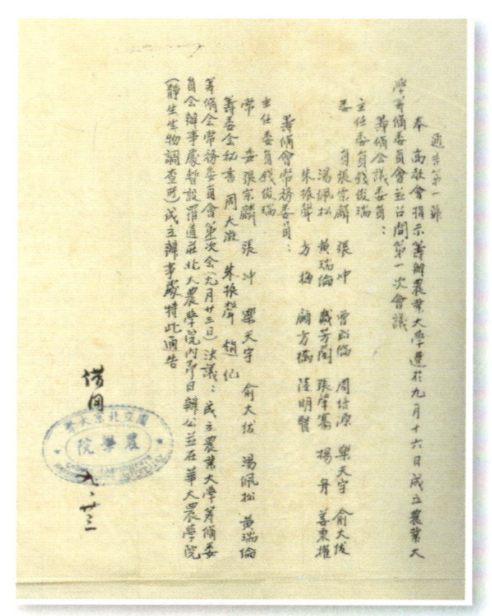

通告第一號

本 高教會指示籌辦農業大學，遂於九月十六日成立農業大學籌備委員會，並召開第一次會議。

籌備會議委員：

主任委員 錢俊瑞

委員 張宗麟 張冲 曾昭掄 周建源 樂天宇 俞大紱 湯佩松 黄瑞綸 戴芳瀾 張肇騫 楊舟 姜秉權 朱振聲 方樹 顧方喬 薩明智

籌備會常務委員：

主任委員 錢俊瑞

常委 張宗麟 張冲 樂天宇 俞大紱 湯佩松 黄瑞綸

籌委會秘書 周大澂 朱振聲 趙仙

籌備會常務委員會第一次會（九月廿三日）決議：成立農業大學籌備委員會辦事處，暫設羅道莊北大農學院內，即日辦公，並在華大農學院（静生生物調查所）成立辦事處，特此通告。

农业大学筹备委员会成立 (1949.09.16)

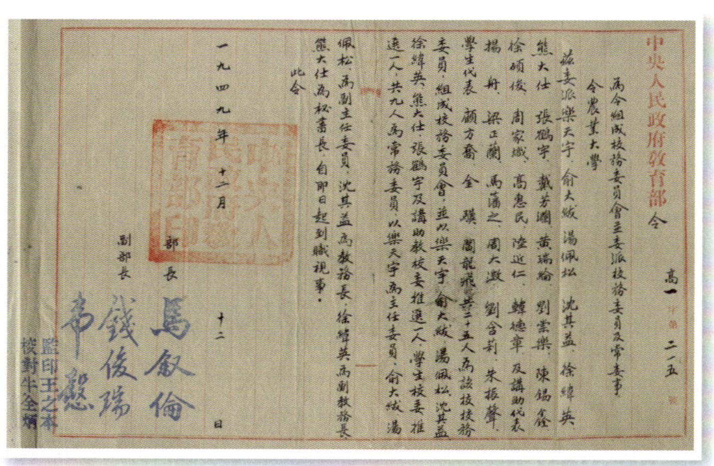

中央人民政府教育部 令 高一字第二一五號

為令組成校務委員會並委派校務委員及常委事

令農業大學

茲委派樂天宇、俞大紱、湯佩松、沈其益、徐緯英、熊大仕、張鶴宇、戴芳瀾、黄瑞綸、劉崇樂、陳錫鑫、徐碩俊、周家熾、高惠民、陸近仁、韓德章及講助代表楊舟、梁正蘭、馬藩之、周大澂、劉含莉、朱振聲、學生代表顧方喬、全璞、閻龍飛共二十五人為該校校務委員，組成校務委員會，並以樂天宇、俞大紱、湯佩松、沈其益、徐緯英、熊大仕、張鶴宇及講助教校委推選一人、學生校委推選一人，共九人為常務委員，以樂天宇為主任委員，俞大紱、湯佩松為副主任委員，沈其益為教務長，徐緯英為副教務長，熊大仕為秘書長，自即日起到職視事。

此令

部長 馬敘倫

副部長 錢俊瑞 韋慤

一九四九年十二月十二日

監印 王之本 校對 牛全楨

农业大学校务委员会成立（1949.12.12）

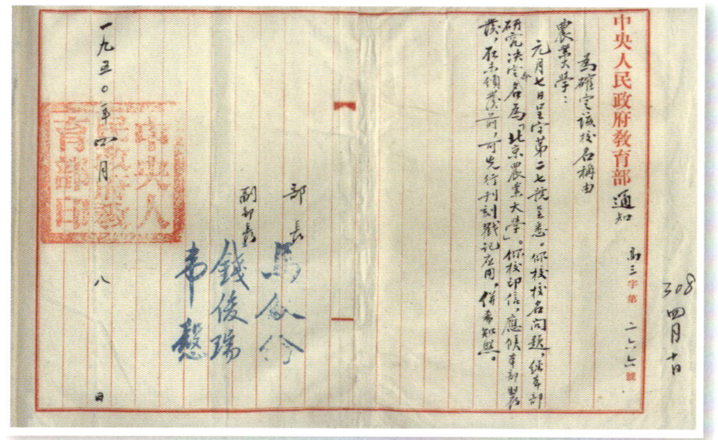

中央人民政府教育部 通知 高三字第二六六號

為確定該校名稱由

農業大學：

元月七日呈字第二七號呈悉。你校校名問題，經本部研究決定命名為「北京農業大學」。你校印信，應俟本部製發，在未頒發以前，可先行刊刻戳記應用。仰希知照。

部長 馬敘倫

副部長 錢俊瑞 韋慤

一九五〇年四月八日

308 四月十日

学校正式定名为北京农业大学（1950.04.08）

北京农业大学校门（1950）

新的北京农业大学，在原三大农学院的教学体制基础上，整合为 11 个学系，汇集了当时国内一流的农业专家、学者，师资雄厚（表 4–1）。

表 4–1　1950 年北京农业大学各主要单位负责人

职务	姓名
秘书长	熊大仕
教务长	沈其益
农艺系主任	徐季丹
园艺系主任	陈锡鑫
农化系主任	黄瑞纶
土壤系主任	叶和才
植病系主任	周家炽
畜牧系代主任	张仲葛
兽医系主任	熊大仕
昆虫系主任	刘崇乐
森林系主任	殷良弼
农机系主任	王朝杰
农经系主任	应廉耕
分校主任	罗新
图书馆长	周明牂
植病所所长	戴芳澜
农化所所长	汤佩松
昆虫所所长	刘崇乐
农业生物科学研究所所长	乐天宇

❖ 探索办学、服务祖国

新成立的北京农业大学肩负着历史赋予的重任，又面临着严峻的考验。首要问题是如何把具有不同历史传统与特点的三所农学院真正团结起来，统一思想、统一行动，为建设新型的社会主义农业大学而共同奋斗。学校开始探索新的办学方针，源于延安自然科学院的“三位一体”方针成为农大办学的最高指导思想，学校进行以课程设置为核心内容的教育改革，并实行农耕学习制。1950—1952 年三年间实施的农耕学习制度，大大增加了学生参加农业生产、接触生产实际的机会，是新中国成立初期教育改革中最具特色和成效的措施之一，受到当时教育界的赞扬和教育部的充分肯定（表 4–2）。

表 4-2　教育改革后本科教学的阶段划分

阶段	学期
科学学习阶段	第一学期
农耕学习阶段	第二学期
业务学习阶段	第三学期至第七学期
业务实习阶段	第八学期

四阶段教学制的核心是明确要求增加学生参加农业生产、接触生产实际的机会，这是旧时期高等农业教育中不曾有的内容，对全国高等农业院校都产生了影响。

乐天宇主持农耕学习总结大会（1950）

农耕阶段的理论学习

农耕学习班出发前往卢沟桥农场（1950.03）

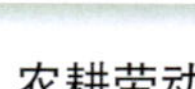

农耕劳动

农耕学习班师生在卢沟桥农场自己建设的食堂兼礼堂

在课程方面，1950 年开设“新遗传学”（米丘林学说），停开“旧遗传学”（摩尔根学说）等课；设政治必修课；建立基础课程教学体系。

除农耕学习制和课程改革外，学校还尝试多层次办学体制，培养研究生、本科生、专科生，并设立专修科、短训班、劳模班、农村教育工作站等。1951 年 3 月，北京农业大学开始实行校长制。

林訓班已正式開課

本校與中央林墾部合辦的林業幹部訓練班，已於八月十四日在京西盧曉關（林專住址）正式上課。

該班分造林及森林經理兩科。造林科以培養造林幹部爲目的，森林經理科以訓練森林調查、森林經理幹部爲目的，每科三百人，共六百人，學習期限爲八個月。

所學課程，共同課有政治、土壤及氣象，樹木識別，測量學（造林科學一期，即四個月），業務課，造林科有造林、森林保護，經理科有測樹、森林經理等。

教學方針以學、做結合爲原則，半日上課，半日實習勞動，課堂講的，要實際去作，如測量、測樹等，下課後下午便拿儀器實際去練習，在勞動中培養成吃苦耐勞之精神，建立勞動觀點，達到能眞正爲森林事業服務的目的，學員方面在小組中有互助學習小組，爲了更好的學習，林專同學全部和林訓班同學在一起學習（共同上課）以起橋樑作用，將課堂所講的幫助他們互相學習，達到眞正瞭解。

七月二十七日各地學員陸續到校，二十八日即組織他們展開政治學習，討論林訓班的教學計劃，學習紀律，生活規則，以及中國森林現況及前途等實際問題，學員們初來時，對林業與學校性質沒認識，思想不安，對學習林業没興趣，經過十多天的學習後，一般同學都認清了森林的重要性，願爲林業服務，八月十八日班委會根據學員的志願，文化程度，政治認識及實際需要等情況分科分班，現在學員學習情緒已轉正常，文化低的同學學習也很努力，在八月二十七日已選出了他們自己的組織——學生會，及班委會，領導學習。

現在已開始採集種籽，及栽植紀念林，並正準備歌樂等活動，以迎接即將到來的開學典禮。

李 春 高 軸 國 祥

九月十一日

林业训练班开课（1950）

中央人民政府任命通知書 府字第3982號

茲經中央人民政府委員會第十二次會議通過任命孫曉邨爲北京農業大學校長

特此通知

主席

一九五一年九月二日

中華人民共和國中央人民政府之印

毛泽东主席为孙晓村出任北京农业大学校长签发的任命通知书

开设劳模研究班

新遗传学开课

孙晓村校长主持校务会议▶

为配合国家经济建设，农大师生以高昂的热情，积极投身到土地改革、抗美援朝、知识分子思想改造等革命运动和社会实践中，接受教育，经受锻炼。

48 名师生员工参加北京市志愿兽医队，奔赴抗美援朝前线（1951）

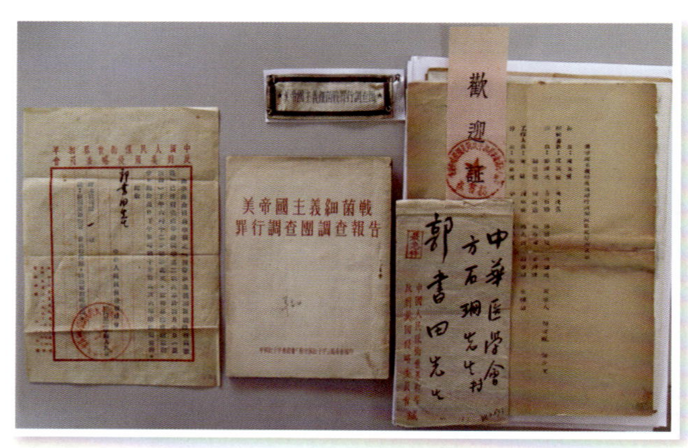

有关抗美援朝中参加反细菌战的资料

农大学生积极报名参加军事干部学校，响应中央关于加强国防建设培养专门人才的号召（1950.12）

274 名师生赴江西参加土地改革（1957.10）

这一时期学校的科研工作，以“提高学术及解决我国农业生产中的实际问题”为宗旨，师生奔赴祖国各地，推进研究和扶助工作，调查培育品种、勘查土壤气候、治理病害虫灾，服务农业生产建设和发展。

学校组成东北工作团前往黑龙江协助土壤考察、自然环境考察和农业生产，提出垦荒方案，为北大荒军垦事业发展立下功劳（1950 年初）

50.7.15

永定河上游勘察工作

·我校教授負責水土保持調查·

【本報訊】五月二十七日農業部召開組織永定河上游勘察團座談會。該團目的在勘察永定河上游的一般情況，同時選擇適當地點，建立水土保持實驗區，逐步推廣到土地的合理利用示範和發動群衆，搞好水土保持工作。當即決定：勘察路線，日期，經費，勘察人選等。水土保持調査工作，由我校土壤系馮兆林教授計劃主持，土壤調査及牧草調査工作則分別由劉海蓬教授，孫倍陽先生担任。該團最近又邀應廉耕蕪鴻麟兩教授參加工作。閒該團現已抵達目的地，開始工作。

学校应农业部要求，派专家参加永定河上游水土保持情况勘察（1950）

俞大绂教授在辽宁指导开展苹果腐烂病防治工作（1951）

❖ 北京农业机械化学院的建立

1952年7月1日，教育部在全国高等农业院校院系调整方案（草案）中提出建立“北京机械化农业学院”，建议由北京农业大学农机系、南京大学和金陵大学的农业工程系、中央农业部机械化农业专科学校，华北农业机械专科学校等合并组成。后因筹建过程中，南京大学与金陵大学的农学院合并组建南京农学院，两校的农业工程系也合为南京农学院农业机械系，故最终决定将中央农业部机械化农业专科学校、华北农业机械专科学校、北京农业大学农机系等单位合并成立北京机械化农业学院。10月15日成立大会举行，11月1日正式挂牌。这是新中国第一所为集体农业、现代农业企业和国家现代化农业建设培养高级技术干部和管理干部的高等学府。因平原省撤销，1953年1月，平原省农学院部分师生并入北京机械化农业学院。

1953年7月，学校更名为北京农业机械化学院，并迁往小月河西（现为清华东路）新址，成为“八大学院”之一。

1960年，国务院将北京农业大学、北京农业机械化学院列为全国重点大学之一。

美籍技术人员韩丁（左一）在冀衡农场指导拖拉机训练班学员

中央农业部机耕学校拖拉机训练班学员合影（1950.11.29）

1949 年 12 月，中央农业部在华北农业机械总厂设立华北农业机械专科学校。1951 年，学生在此实习

北京机械化农业学院建立之初，院址暂定于原中央农业部机械化农业专科学校所在的北京双桥国营农场

农业机械化系学生、中国第一个女拖拉机手、全国农业劳动模范梁军

农机学院顺利迁往新址（1953 年 11 月 26—30 日）

建校委员会在小月河西一带考察新的建校地址

北京农业机械化学院新校门

农机学院第一座教学楼——西教学楼
（现为学校东区第二教学楼）

农机学院第一座学生宿舍楼——民主楼

【事件】 三大农学院合并

北京大学、清华大学、华北大学三所农学院合并成立北京农业大学，在中国农业大学百十余年的历史上具有极其重要的意义，值得回顾。

1949 年 3 月 17 日，中共中央曾发出《关于北平各大学的几个方针问题的指示》，明确指示：北平高校有必要“进行合理化的调整与合并”“但实行调整合并时必需顾到群众条件是否成熟”“不能合并者，不要强求合并”，合并与否“应该在各校教授、学生中进行酝酿”。

北平解放后，北平设有 3 个大学农学院，另加辅仁大学农学系，无论从人力、物力以及布局考察，当时北平地区的农学院显然有调整合并的必要。

1949 年 6 月，酝酿首先在北京大学农学院开始。院务会议以及全体师生对调整合并展开了大讨论，最终几乎一致赞成，这为三院合并铺平了道路。北京大学农学院以全院师生名义，上报中央成立农业大学《建议书》和由 80 位教师联名的《关于合并华北农业教育机关成立农业大学的意见书》，充分表达了北京大学农学院群众意愿。7 月，清华农学院也展开相关讨论。

7 月 28 日，中央决定辅仁大学农学系并入北京大学农学院。

9 月 10 日，华北高教会（当时教育部尚未成立）党组会议上，传达中央决定：北京大学、清华大学、华北大学三校农学院合并成立农业大学，决定组织筹备委员会。

9 月 16 日，以高教会负责人钱俊瑞为首的农业大学筹委会成立，农业大学着手筹建。

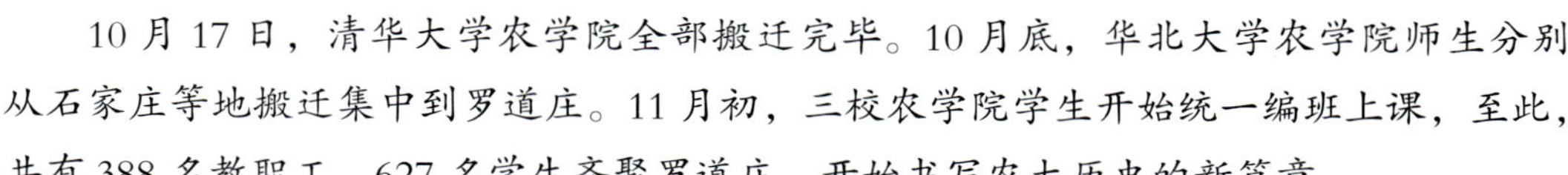

10 月 17 日，清华大学农学院全部搬迁完毕。10 月底，华北大学农学院师生分别从石家庄等地搬迁集中到罗道庄。11 月初，三校农学院学生开始统一编班上课，至此，共有 388 名教职工，627 名学生齐聚罗道庄，开始书写农大历史的新篇章。

12 月 17 日，学校新领导班子宣布就职。钱俊瑞讲话说：“今天全中国范围内以这样大的力量办这样的学校是头一个。中央人民政府对这个学校方针与实施给以重大注意，我们建设这个学校，对中国农业及农业教育要树立新的榜样”。

1950 年 1 月 7 日，经师生们慎重讨论后，学校将“北京农业大学”与“中央农业大学”两个校名方案上报请中央核定。1950 年 4 月 8 日，教育部通知，正式定名北京农业大学。

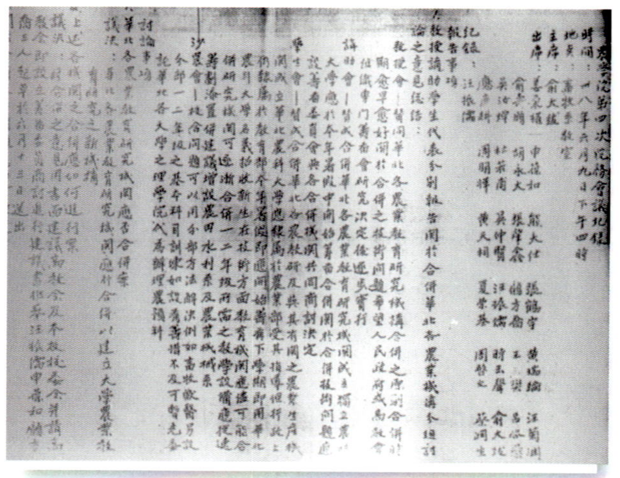

北京大学农学院院务讨论合并事宜

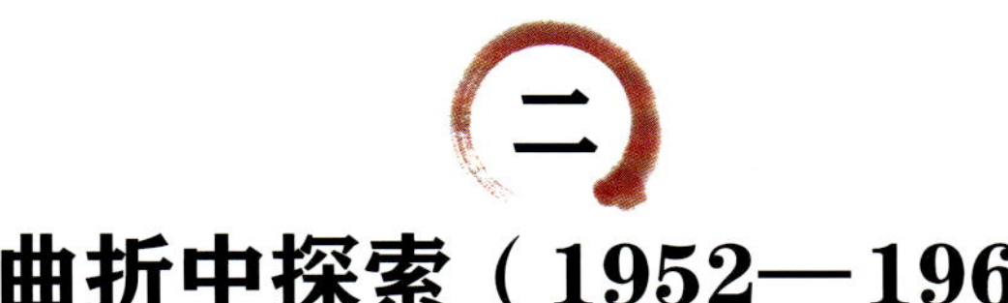

二 曲折中探索（1952—1966）

❖ 借鉴苏联、全面教改

三年社会改造与国民经济恢复基本完成后，全国掀起了以学习苏联经验为核心的高等教育教学改革高潮。北京农业大学和北京农业机械化学院借鉴苏联教育经验，在修订教学计划与教学大纲、编写教材、提高教师水平、改进实习制度与考试制度等方面进行探索与改革，成效显著。1952 年，北京农业大学进行了组织系统和院系调整（表 4–3、表 4–4）。

表 4–3 院系调整后的北京农业大学组织系统（1952）

校长（校务委员会）	校长办公室	人事处	
	秘书长	秘书处	文书课
			会计课
			事务课
			生活管理课
			校医室
			试验总场
			员工子弟小学
			托儿所
	教务长（教务会议）	本科	农学系
			园艺系
			植物保护系
			土壤农化系
			畜牧兽医系
			农业经济系
		专修科	兽医专修科
			农业保险专修科
		直属教研室	新民主主义论
			政治经济学
			数学
			物理
			俄文
		教务处	教务课
		图书馆	
		俄文翻译室	
		体育部	

表 4–4　院系调整后的系别专业设置

系别	专业
农学系	农学专业
园艺系	果树蔬菜专业
	造园专业
植物保护系	植物保护专业
土壤农化系	土壤肥料专业
	农业化学专业
畜牧兽医系	畜牧专业
	兽医专业
农业经济系	农业经济专业

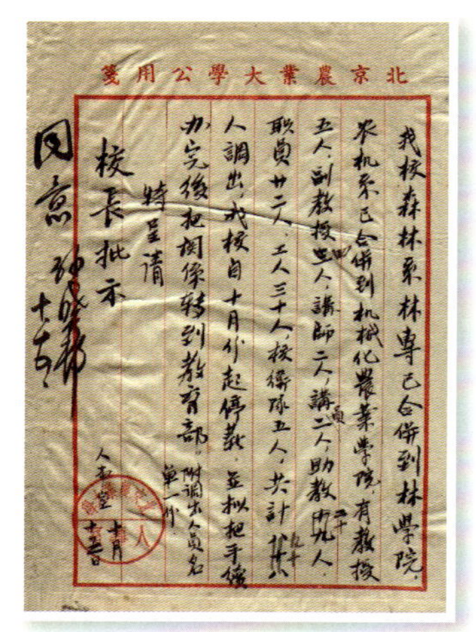
北京農業大學公用箋

我校森林系林專已合併到林學院，农机系已合併到机械化農業學院，有教授五人，副教授四人，講師二人，講[illegible]二人，助教四十九人，職員廿二人，工人三十人，[illegible]五人，共計[illegible]人調出，我校自十月份起停發，並擬把手續办完後把関係移到教育部。附調出人員名單一份。特呈請

校長批示

人事室 十月十五日

同意 [illegible] 十.十五

森林系与农业机械系从北京农业大学中分离，分别加入新组建的北京林学院和北京机械化农业学院

修訂教學計劃全面開始

關於修訂教學計劃的報告

北京农业大学修订教学计划

1954 年，根据高教部要求，北京农业大学全面修订各专业教学计划，其中内容大多被列入全国高等农林院校统一教学计划中。同年 8 月，高教部首次颁布了高等农林院校农学、果蔬、植保、土壤、畜牧等 19 个专业的教学计划，在全国统一执行。9 月，高教部发布《关于高等农林院校修订教学大纲的原则及说明的指示》，强调同一专业对于同一门课程所用的教学大纲必须统一。北京农业大学负责全国 130 种农林高等教育教学大纲中 20 种的修订工作，以苏联五年制教学大纲为蓝本，结合中国实际，编制四年制教学大纲。直至 1957 年，各高校才可自行制定、编写教学计划、大纲及教材。而从 1953 年开始，北京农业大学和北京农业机械化学院逐步建立并执行生产实习制度，贯彻理论与实践结合，加强实践教学。

学生在耿长锁农业生产合作社实习（1954）

园艺系学生在西郊聚山果园进行实习（1954）

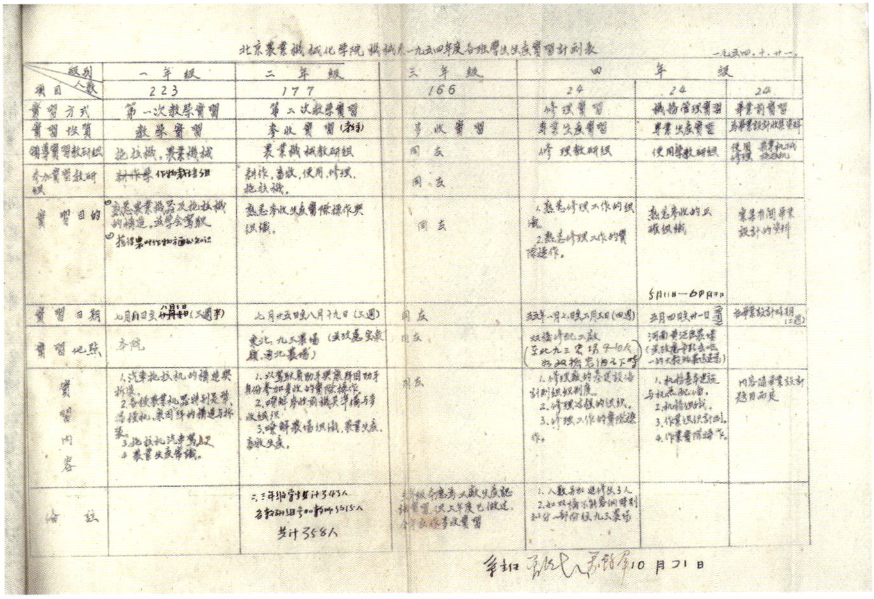

北京农业机械化学院机械化系 1954 年度生产实习计划

在学习苏联教育经验的初期，学校兴起俄文学习的热潮。俄文成为学生的第一外语，大部分教师通过速成班的学习可以借助字典阅读俄文专业书刊。同时，学校组织人员大量引进和翻译苏联教材。1952—1953 年，北京农业大学 70 门课程中有 21 门采用苏联教材；北京农业机械化学院 58 门课程中有 18 门采用苏联教材。

根据中央部署，北京农业大学和北京农业机械化学院聘请多名苏联专家来校。苏联专家以讲学为重点，参与学校各方面工作，对教学、管理、长远规划等提出建议，介绍苏联农业科学与教育经验，促进了学校的教学改革进程。

俄文翻译室人员合影（1953）

中央人民政府高等教育部

關於重點高等學校和專家工作範圍的決議

（一九五四年十月五日（54）廳秘崔字第二九三號）

我部一九五四年六月三十日第十次部務會議關於重點高等學校和專家工作的決議，經報請政務院文化教育委員會核批，並接八月二日（54）文教辦范字第四〇二號函批復：「你部（54）廳秘楊字第一九五號來文所提關於重點學校和專家工作範圍的決議，我委同意」。茲抄發上項決議一份，請查收。

附：關於重點學校和專家工作範圍的決議

關於重點高等學校和專家工作範圍的決議

一

確定重點高等學校是爲了使這些學校在貫徹中央所規定的方針政策，學習蘇聯先進經驗，進行教學改革，加强行政領導等各方面能够先走一步，取得經驗，由高等教育部及時總結推廣，以帶動其他學校，共同前進。因此，重點學校的主要任務有以下三方面：第一，必須培養質量較高的各種高級建設人才及科學研究人才；第二，爲高等學校培養師資，包括培養研究生及進修師資，辦必要的短訓班，並爭取多留一些本科畢業生做高等學校師資；第三，在培養師資和教學工作、教學資料等方面經常予其他學校以幫助。此外，還應幫助高等教育部進行必要的重點試驗的工作，解決有關的重大問題，接受外國留學生及創設函授班等。

二

三

(379)

新俄文班在东北农学院（1953）

中央教育部确定中国人民大学、清华大学、北京大学、哈尔滨工业大学、北京农业大学、北京医学院等六所重点高校为聘请大量苏联专家、吸收苏联教育教学经验的基地（1954）

乐天宇、沈其益等与苏联专家绥吉纳合影（1950）

果树专家德拉加夫采夫在讲课

北京农业机械化学院领导和苏联专家在北农场视察引进的种牛（1955）

苏联专家特鲁伯尼柯夫与机械化系副主任万鹤群（左一）交谈（1957）

20 世纪 50—60 年代初，北京农业大学和北京农业机械化学院分别选派 59 名和 22 名学生前往苏联和东欧等社会主义国家学习，并选派优秀青年教师赴苏联进修。同时，学校开始接受外国留学生。

赵世绪留学苏联

汪懋华（左四）等留学苏联

谷谒白留学苏联

越南留学生

捷克斯洛伐克留学生

20 世纪 50 年代，学校与苏联、东欧及部分西方国家的交往随国际形势发展逐年增多，出国访问与接待来访也逐渐频繁。

赴苏参加列寧農业科學院院士會議

我校植物保护系俞大紱教授，已于10月17日乘飛機离开北京前往莫斯科，他是参加以郭沫若院長为首的中國代表团去苏联开会討論中苏科學协調工作的。在11月間，俞大紱教授还將参加苏联全苏列寧農業科學院的院士会議，在会上并將接受列寧農業科學院通訊院士學位。会后，他还將在苏联各地進行参观訪問。

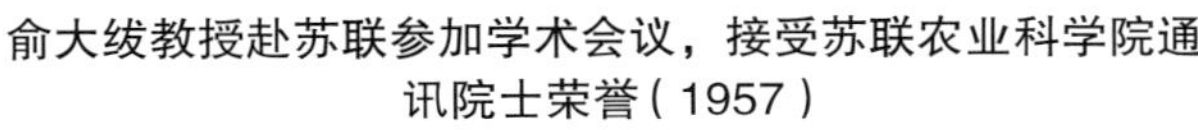

俞大绂教授赴苏联参加学术会议，接受苏联农业科学院通讯院士荣誉（1957）

林传光教授赴苏联参加学术会议（1958）

罗马尼亚大国民议会主席格罗查来北京农业大学参观（1954.10）

裘维蕃教授（左）赴德国莱比锡参加反细菌战展览会专家组活动（1952.12）

印度大使访问北京农业机械化学院

波兰专家来校交流农业机械技术

❖“向现代科学进军”

1954 年开始，北京农业大学和北京农业机械化学院大规模、有计划地组织各方力量开展科学研究。1956 年，党中央发出“向现代科学进军”的号召，学校掀起了科学研究的高潮。

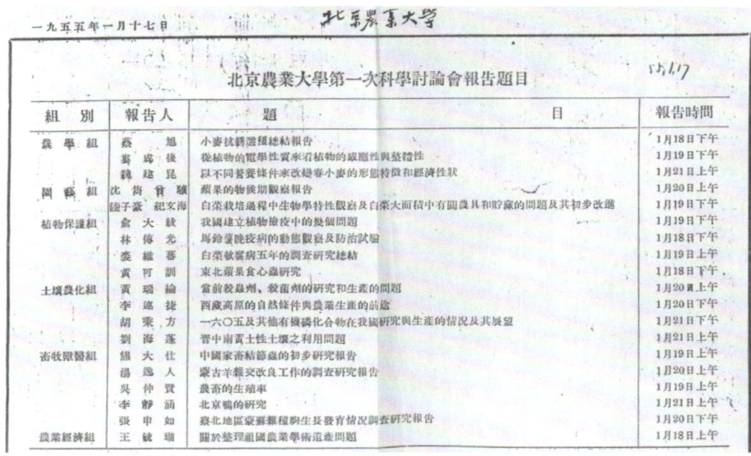

一九五五年一月十七日　北京農業大學

北京農業大學第一次科學討論會報告題目

組別	報告人	題目	報告時間
農學組	蔡旭	小麥抗銹選種總結報告	1月18日下午
	婁成後	從植物的電學性質來看植物的感應性與整體性	1月19日下午
	魏建昆	以不同營養條件來改變春小麥的形態特徵和經濟性狀	1月21日上午
園藝組	沈隽 曾驥	蘋果的物候期觀察報告	1月20日上午
	陸子豪 紀文海	白菜栽培過程中生物學特性觀察及白菜大面積中有關農具和貯藏的問題及其初步改進	1月19日下午
植物保護組	俞大紱	我國建立植物檢疫中的幾個問題	1月19日下午
	林傳光	馬鈴薯晚疫病的動態觀察及防治試驗	1月18日下午
	裘維蕃	白菜軟腐病五年的調查研究總結	1月19日上午
	黃可訓	東北蘋果食心蟲研究	1月18日下午
土壤農化組	黃瑞綸	當前殺蟲劑、殺菌劑的研究和生產的問題	1月20日上午
	李連捷	西藏高原的自然條件與農業生產的前途	1月20日下午
	胡秉方	一六〇五及其他有機磷化合物在我國研究與生產的情況及其展望	1月21日下午
	劉海蓬	晋中南黃土性土壤之利用問題	1月21日上午
畜牧獸醫組	熊大仕	中國家畜結節蟲的初步研究報告	1月19日上午
	湯逸人	蒙古羊雜交改良工作的調查研究報告	1月20日上午
	吳仲賢	農畜的生殖率	1月19日上午
	李靜涵	北京鴨的研究	1月21日上午
	張申如	察北地區蒙蘇雜種駒生長發育情況調查研究報告	1月20日下午
農業經濟組	王毓瑚	關於整理祖國農業學術遺產問題	1月18日上午

1955 年起，北京农业大学每年举行一次全校科学讨论会

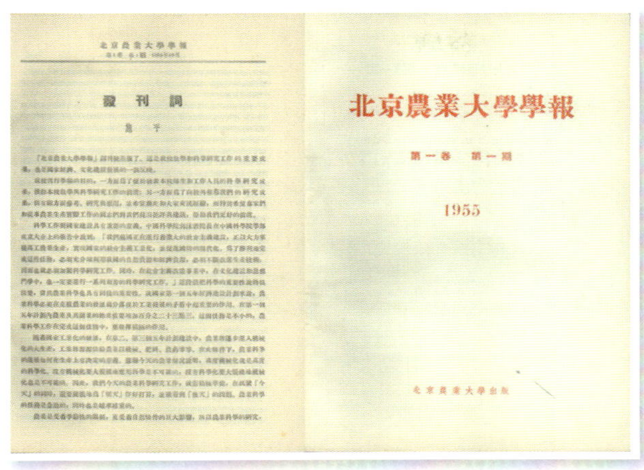
發刊詞

北京農業大學學報

第一卷 第一期

1955

北京農業大學出版

《北京农业大学学报》（1955 年 12 月创刊）

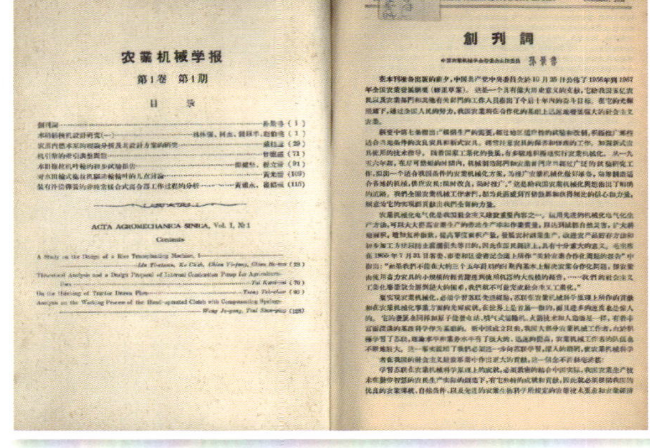
农業机械学报

第1卷 第1期

目录

ACTA AGROMECHANICA SINICA, Vol. 1, №1

Contents

創刊詞

北京农业机械化学院积极参与
筹建中国农业机械学会和创办《农业机械学报》

北京农业机械化学院学生参加科研，试制三尺耘锄改装成中耕施肥机

北京农业大学与华北农研所（中国农科院前身）正式签署合作协议（1954.03）

汤逸人教授（右二）指导鉴定绵羊

贾慎修教授（右）在研究杂草

毛泽东主席在中南海参观北京农业机械化学院教师参与研制的拖拉机“巨龙号”（1958）

邓小平等中央领导到北京农业大学视察科研成果（1960）

新中国成立初期，学校已招收少量研究生。1953 年《高等学校培养研究生暂行办法（草案）》颁布后，培养规模逐渐扩大。截至 1965 年，共计为国家培养 459 名研究生。

叶和才教授指导研究生在大兴县做盐碱土改良试验（1954）

苏联专家指导研究生做野外土壤调查

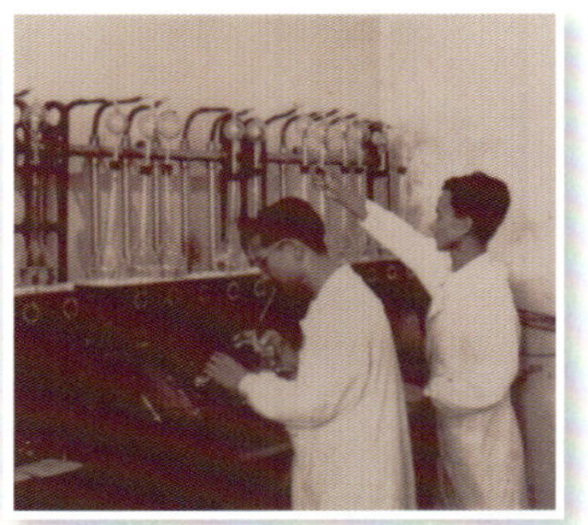

研究生在实验室

❖“大跃进”与学校下放

1958年初，全国开始了工农业生产“大跃进”，教育革命渐入高潮。北京农业大学和北京农业机械化学院积极响应党中央号召，贯彻教育和生产劳动相结合的方针，增加学生的工农业生产劳动时间，并开展勤工俭学活动。

1500余名师生在东北旺农场奋战，兴建水库，完成万亩农田的水利化

1958年7月，康生先后到北京农业机械化学院和北京农业大学视察，严厉批评学校“小麦产量太低”“脱离生产、脱离实际、脱离政治”等，甚至称学校是“落后典型”，并将这一错误结论向毛泽东主席汇报。

1958年8月，毛泽东主席指示北京农业大学、北京农业机械化学院、北京林学院“全体师生员工下放农村劳动锻炼一年”。学校立即动员师生，组成下放大队，赶赴各地的农村、工厂、农场、拖拉机站，参加农业生产劳动，改造思想。之后在北戴河召开的中共中央政治局扩大会议通过了《关于改革农林大专学校教育的指示》。全国农林院校下放农村进行劳动锻炼的序幕就此揭开。

“下放”期间，北京农业大学和北京农业机械化学院各项工作受到挫折。但师生们团结一心，经受了锻炼与考验，深入地了解我国农业、农村和农民的真实情况，探索理论与实践相结合的教学新途径，并结合地方生产现实问题，开展了一定的科学研究和技术革新工作。

在河北徐水下放点

下放点的现场教学

農機学院

（院內刊物） 院　刊 （注意保存）

1958年8月8日出版　第73期　本期共4版

北京农业机械化学院党委会宣傳部編

動員貫徹毛主席对我院下放鍛煉的指示

徐觉非院長向全院作傳达报告

坚决拥护毛主

下放动员与誓师

四季青试点队为工人讲授制图原理

陕西试点队 6116 班同学们参加拖拉机检修

李季伦等首次成功提炼出赤霉素结晶和精制品，填补了国内空白，并参加莱比锡国际博览会

农化專业师生制出高效低毒内吸农药“樂果”

土化系农化专业师生奋战十天，試制成一种对人畜較安全的高效内吸农药“乐果”两公斤。經生物試驗証明，对蚜虫、紅蜘蛛的杀虫效果良好而持久；加水稀釋一万倍，家蝇的致死率达100%。药效和高效农药“1605”相近。試驗还証明，“乐果”对高等动物的毒性比1605和1059小20—30倍。因此可以大大減小田間噴雾时人畜中毒和农产品（特别是水果、蔬菜）上因殘留农药而引起中毒事故的危險。

在試制的过程中，同时研究出了用易得的原料合成氯乙酰氯（乐果主要原料之一）的新方法，現正进行車間扩大試驗的准备工作，爭取“五一”正式生产。

配方成功的新农药乐果，成为相当一段时期内我国农业生产中的重要农药品种

北京农业机械化学院拖拉机教研室余群等研制出我国第一台万能自动底盘拖拉机——农机一号

北京农业机械化学院江西试点队与省农科所合作制成的机引插秧机，在江西省革新农器具评比选型会上得到表彰和定型推广（1960）

❖ 重建高等教育的秩序

1961 年 9 月，《教育部直属高等学校暂行工作条例（草案）》（简称“高校六十条”）公布，这是新中国高等教育一个重要的历史转折。北京农业大学和北京农业机械化学院通过贯彻“高校六十条”，对各项工作进行调整，重建教学秩序，取得了新的发展（表 4–5）。

表 4–5　北京农业大学教学计划的调整

项目	年度				
	1952	1954	1956	1959*	1961
修业年限	4	4	4.7	5	5
总周数	206	202	238	256	255
理论教学 / 周	116	114	130	130	140
考试 / 周	22	21	24	24	23
教学实习 / 周	14	14	16	18	16
生产实习 / 周	27	26	31	47	29**
公益劳动 / 周	0	0	0	8	5 ~ 6
毕业论文 / 篇	0	7	7	6	2
假期 / 天	17	20	30	23	35

注：① *1959 年因学校师生下放，执行与草案有很大变化

②此次教育计划的调整以农学专业为例

③ ** 加集中带动 10 周

为贯彻“高校六十条”，促进学术活动的开展，
北京农业机械化学院举办十周年校庆和全国农机学会年会

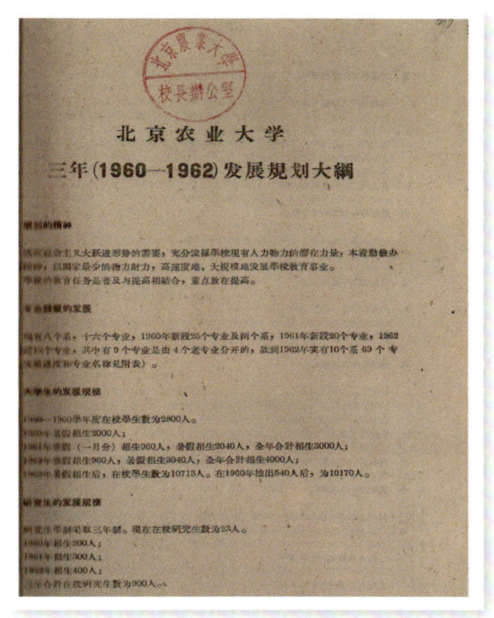

北京农业大学
三年(1960—1962)发展规划大綱

規划的精神

……社会主义大跃进形势的需要，充分发揮學校現有人力物力的潜在力量，本着勤儉办……以国家最少的物力財力，高速度地、大規模地发展學校教育事业。
學校的教育任务是普及与提高相結合，重点放在提高。

……的发展

……有八个系，十六个专业，1960年新設25个专业及兩个系，1961年新設20个专业，1962……个专业，其中有9个专业是由4个老专业分开的，故到1962年实有10个系69个专……表）。

大學生的发展規模

……1960學年度在校學生数为2800人。
……暑假招生3000人；
……（一月分）招生960人，暑假招生2040人，全年合計招生3000人；
……招生960人，暑假招生3040人，全年合計招生4000人；
……暑假招生后，在校學生數为10713人。在1960年抽出540人后，为10170人。

研究生的发展規模

……三年制。現在在校研究生数为23人。
……招生200人；
……招生300人；
……招生400人；
……在校研究生數为900人。

北京农业大学制定新的发展规划
（1960—1962）

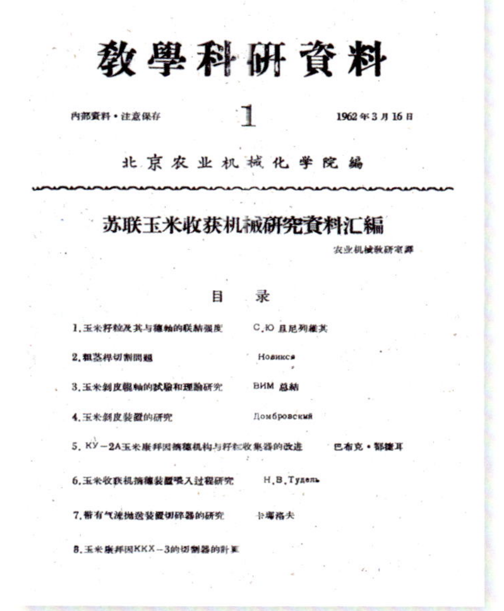

教學科研資料

内部資料·注意保存　1　1962年3月16日

北京农业机械化学院編

苏联玉米收获机械研究資料汇編

农业机械教研室譯

目　录

1. 玉米籽粒及其与穗軸的联結强度　С.Ю 旦尼列維其
2. 粗茎秆切割問題　Новикся
3. 玉米剝皮輥軸的試驗和理論研究　ВИМ 总結
4. 玉米剝皮裝置的研究　Домбровский
5. КУ—2A玉米康拜因摘穗机构与籽粒收集器的改进　巴布克·鄂捷耳
6. 玉米收获机摘穗装置喂入过程研究　Н.В.Тудель
7. 带有气流抛送装置切碎器的研究　卡哪洛夫
8. 玉米康拜因KKX—3的切割器的計算

北京农业机械化学院 1962 年开始出版
《教学科研资料》，至 1964 年底共出版了 17 期

❖ 试行半工（农）半读

1964 年，中共中央做出《关于发展半工（耕）半读教育制度的批示》；10 月，北京农业大学和北京农业机械化学院被确定为两种教育制度相结合的试点学校；1965 年 2 月两校的半工（农）半读计划被正式批准开始试行。

北京农业大学在涿县农场设分校作为半农半读教育基地，农学、园艺、畜牧等 10 个专业近千名学生（占在校生 1/3）分批进驻农场开始半农半读实践，为期一年。

北京农业机械化学院从农业机械化、农业机械设计制造、农业电气化、农田水利 4 个专业各抽调一个班学生到实习工厂和河南分院参加半工半读实践；另有一批师生到工厂劳动和参加农村“四清”。

王观澜校长（左二）在北京农业大学涿县农场视察半农半读实践

北京农业机械化学院半工半读三年过渡计划方案

时间 / 过渡专业名称 / 班数 / 分院名称	制别	1965年 农机运用	农机修理	农机制造	拖拉机	农田水利	农业电气化		合计	1966年 农机运用	农机修理	农机制造	拖拉机	农田水利	农业电气化		合计	1967年 农机运用	农机修理	农机制造	农田水利	拖拉机	农业电气化		合计
北京院本部	半工半读	3	2	2	1	2	1		11	3	2	1	1	2	1		10	3	2	1	2	1	1		10
	全日制	2				2	2		6	1				1	1		3								
河南博爱分院	半工半读	1				1	1		3	1				1	1		3	1			1		1		3
江西分院	半工半读									1		1		1	1		4	1		1	1	X	1		4
第三分院	半工半读																	1			1		1		3
合计	半工半读	4	2	2	1	3	2	2	14	5	2	2	1	4	3	[illegible]	17	6	2	2	5	1	4		20
	全日制	2				2	2		6					1	1		3								

北京农业机械化学院制定半工半读三年过渡计划方案

葡萄埋土现场教学

农田实习

插秧劳动

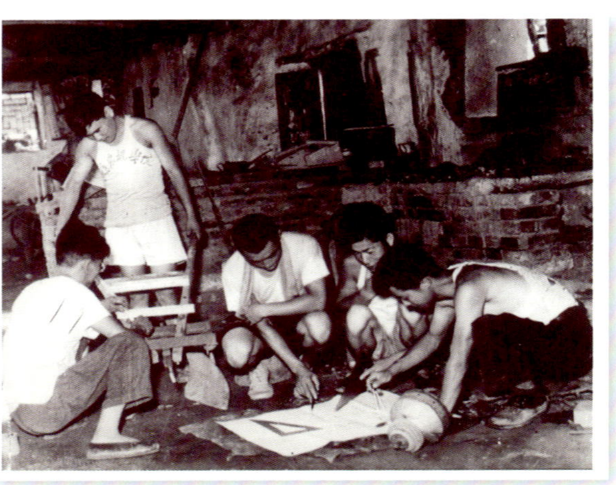

工厂蹲点绘制图纸

【事件】 遗传学风波

北京农业大学在建校之初进行的一系列改革尝试，除农耕学习外，以遗传学课程更改和专业调整尤为注目。在乐天宇执掌下，农大开设了米丘林遗传学（称“新遗传学”），以取代摩尔根遗传学（“旧遗传学”），并将全校11个系分为生产系（农艺、园艺、森林、畜牧）和非生产系（植物病理、昆虫、土壤肥料、农业化学等），动员学生由非生产系转入生产系。旧遗传学课程停开后，著名遗传学家李景均教授因“学无所用”而离校，震惊了教育界、学术界。之后发生的转系事件，造成学校工作一度混乱，“农大问题”全面爆发，引起了党中央和最高领导人的高度关注。中央及时做出了正确处理，对学校领导机构进行调整，由孙晓村出任农大校长。在教育部和孙晓村校长的努力下，农大风波渐息。

1941年6月20日延安出版的《中国文化》三卷一期上曾发表过乐天宇的一篇文章，题为《遗传正确应用之商讨》。在文中，乐天宇阐述了自己关于遗传学的一些基本问题的观点。如在论述环境与遗传性的关系时，他认为“环境是形成新种的主要势力，因此在不同的环境中，便有不同的物种产生”。这正是米丘林学派的基本论点之一。在宣传米丘林遗传学观点的同时，乐天宇批判了摩尔根遗传学说，贬低其育种实践的成就。

在1942年关于延安自然科学院教育方针的大讨论中，乐天宇指出自然科学院教育上存在重理论、轻实践的“经院主义”弊端，并重提他关于遗传学问题的看法，仍坚定不移地研究和宣传米丘林学说。

1949—1951年，米丘林学派在积极学习、推广自身学说的同时，将苏联“生物科学论战”引入了中国，压制打击摩尔根学派。

农大风波平息后，遗传学上尖锐争论的影响依旧在学界震荡。1952—1955年，全国从上到下继续维护米丘林生物科学作为唯一正确的方向，坚持排斥压制摩尔根学派。《人民日报》(1952年6月29日）发表题为《为坚持生物科学的米丘林方向而斗争》长篇文章，肯定米丘林学说与摩尔根学说“是不容调和的根本性的论争”，给摩尔根扣上“反动的”“唯心的”“为资产阶级服务的”等政治帽子，并号召全国对其“开展系统的批判，以米丘林生物科学彻底改造生物科学各部门”，直到1956年“双百方针”的提出，毛泽东主席批评了用“一种学术压倒一切”的错误做法。1956年8月在青岛召开的全国遗传学座谈会，一改以往突出米丘林学派，压制摩尔根学派，肯定一方，否定一方的偏见，提倡学术上平等自由争论和发展。这次会议成了北京农大，乃至全国生物科学学术思想史上一个重要里程碑。沉寂多年的摩尔根学派开始与米丘林学派平起平坐、齐头并进开展工作，学术欣欣向荣的新局面产生了。

【事件】

迁校马连洼

为了学校的长远发展，北京农业大学自建校起就酝酿另觅新址。1951 年，北京市征用学校东侧的农林牧场建蓄水库，继而建玉渊潭公园，使农大另觅校址一事更加迫切。但校址遴选并非一蹴而就，方案变更多次，颇为周折。

1951 年底经教育部、北京市批准，选定清华大学以东肖聚庄一带作为北京农业大学新校址，并着手筹建校舍。1953 年 1 月，北京农业大学新址开始施工建设，同年 9 月新生入学即在新址上课，并建大一部。但很快发现，此地与新成立的北京农业机械化学院、北京林学院毗邻，三校的土地范围与四界不清，四周又成包围之势，学校没有发展余地与空间。因而不得不放弃在此处建校的方案。

放弃肖聚庄建校后，1954 年经教育部和北京市同意，改选德清公路以东双泉堡一带为建校地址。正当学校积极筹备双泉堡建校时，国务院批评了北京市建文教区的做法，周恩来总理也就农大迁校问题做了指示：“农大在那里（按：罗道庄）也很好，为什么还要搬？”根据上级指示，学校选取在罗道庄就地扩建的方案，1955 年 3 月完成规划设计，当年扩建校舍用地 72 亩（1 亩≈ 0.067 公顷），并开始动工兴建教学和职工宿舍用房。当年秋即完成 16 322 米 ^{2} 的房屋建设并交付使用。

然而，罗道庄就地扩建并不顺利，最大的难题就是如何解决大规模的农场与实验用地问题。因北京市开通京密引水工程，建玉渊潭公园，农大校园及农林牧场大片土地被占用，新辟大规模农场、实验站已无望。于是，迁校之议再起。

1956 年 3 月，学校向高等教育部呈交了选址方案，拟在原已选定的德清公路以东双泉堡一带。但这一方案有很大争议，而且北京市规划委员会又告知，双泉堡一带将有大河大湖通过。这样，再选双泉堡的方案被放弃。1956 年 6 月，学校专家在实地勘察中发现马连洼一带环境条件优越，近山傍水，适合办农业大学，且离北京大学和清华大学等高校比较近，方便学术交流，新址方案得到了学校领导和苏联专家一致认可。1956 年 8 月，马连洼被批准为农大永久校址，1958 年学校完成一次性搬迁。

罗道庄校址校长办公室小院（1948—1955）

罗道庄校址教职工宿舍

罗道庄校址五一楼（女生宿舍）(1951)

罗道庄扩建时的新教学楼（1955）

新校址校门（1959）

建设中的马连洼校园
——学生宿舍与食堂

新校址主楼（1961）

新校址土化楼（1958）

【事件】 首办研究院

1960 年 5 月，中共中央、国务院决定在部分高校设置研究院，大量培养研究生。在 1961 年颁发的“高校六十条”《教育部直属高等学校暂行工作条例（草案）》中，明确提到：“少数有条件的高等学校经教育部批准，可以试办研究院，培养较多数量的研究生。”

彼时，由于农业科技人员大量被下放，全国植保站工作停顿，1962 年发生严重水稻螟虫灾害，损失超过 100 亿斤稻谷。同年的植保大会上，沈其益（北京农业大学副校长）等科学家紧急提出相关建议，呈报中央。报告得到了毛泽东主席和周恩来总理的高度重视和批示，并作为中央文件发给中央委员，周恩来总理还召集沈其益、丁颖等参加农业科研座谈会，听取专家建议。

1963 年 10 月，国家科委、国务院文教办公室、农林办公室，向国务院提出“为了实现农业现代化，应该加强对高等农业科技人才的培养”，建议在北京农大试办研究院。最终，北京农业大学成为全国第一个获批试办研究院的高校。

1963 年 12 月，学校拟出第一份试办研究院方案（草案），为研究院的任务、发展规模、组织机构等设计了初步的构想。1965 年 7 月，学校再次修订和上报试办研究院方案，获得农业部的肯定。可惜，不久之后全国形势发生变化，使研究院的筹备与学校其他工作一起被迫停顿。直至 15 年后，农大的研究院试办工作，才正式建立。

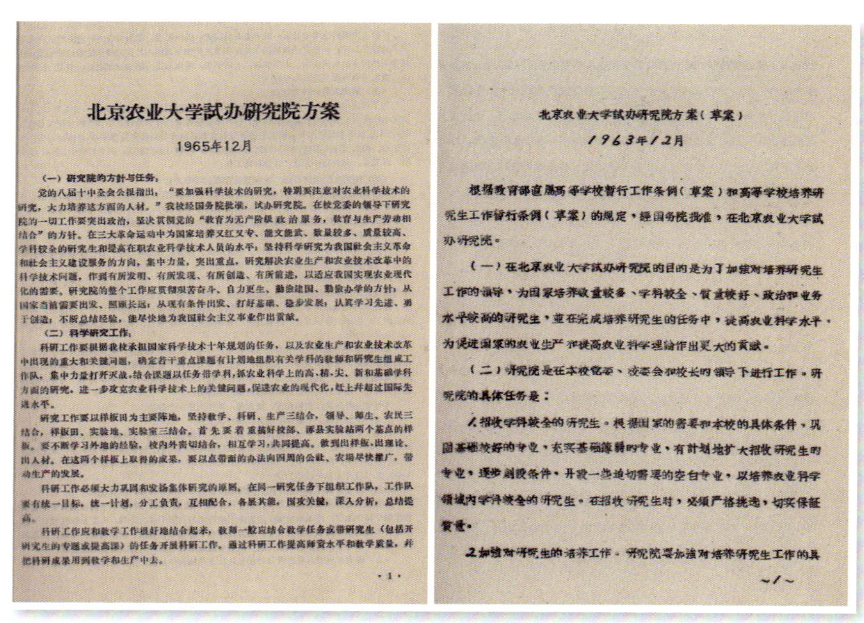

北京农业大学試办研究院方案

1965年12月

（一）研究院的方針与任务：

党的八届十中全会公报指出：“要加强科学技术的研究，特别要注意对农业科学技术的研究，大力培养这方面的人材。”我校经国务院批准，试办研究院。在校党委的领导下研究院的一切工作要突出政治，坚决贯彻党的“教育为无产阶级政治服务，教育与生产劳动相结合”的方针。在三大革命运动中为国家培养又红又专、能文能武、数量较多、质量较高、学科较全的研究生和提高在职农业科学技术人员的水平；坚持科学研究为我国社会主义革命和社会主义建设服务的方向，集中力量，突出重点，研究解决农业生产和农业技术改革中的科学技术问题，作到有所发明、有所发现、有所创造、有所前进，以适应我国实现农业现代化的需要。研究院的整个工作应贯彻艰苦奋斗、自力更生、勤俭建国、勤俭办学的方针；从国家当前需要出发、照顾长远；从现有条件出发、打好基础、稳步发展；认真学习先进、勇于创造；不断总结经验，能尽快地为我国社会主义事业作出贡献。

（二）科学研究工作：

科研工作要根据我校承担国家科学技术十年规划的任务，以及农业生产和农业技术改革中出现的重大和关键问题，确定若干重点课题有计划地组织有关学科的教师和研究生组成工作队，集中力量打歼灭战。结合课题以任务带学科，抓农业科学上的高、精、尖、新和基础学科方面的研究。进一步攻克农业科学技术上的关键问题，促进农业的现代化，赶上并超过国际先进水平。

研究工作要以样板田为主要阵地，坚持教学、科研、生产三结合，领导、师生、农民三结合，样板田、实验地、实验室三结合。首先要着重搞好校部、涿县实验站两个基点的样板。要不断学习外地的经验，校内外密切结合，相互学习，共同提高。做到出样板、出理论、出人材。在这两个样板上取得的成果，要以点带面的办法向四周的公社、农场尽快推广，带动生产的发展。

科研工作必须大力巩固和发扬集体研究的原则。在同一研究任务下组织工作队，工作队要有统一目标，统一计划，分工负责，互相配合，各展其能，围攻关键，深入分析，总结提高。

科研工作应和教学工作很好地结合起来，教师一般应结合教学任务或带研究生（包括开研究生的专题或提高课）的任务开展科研工作。通过科研工作提高师资水平和教学质量，并把科研成果用到教学和生产中去。

·1·

北京农业大学試办研究院方案（草案）

1963年12月

根据教育部直属高等学校暂行工作条例（草案）和高等学校培养研究生工作暂行条例（草案）的规定，经国务院批准，在北京农业大学試办研究院。

（一）在北京农业大学試办研究院的目的是为了加强对培养研究生工作的领导，为国家培养数量较多、学科较全、質量較好、政治和业务水平较高的研究生，並在完成培养研究生的任务中，提高农业科学水平，为促进国家的农业生产和提高农业科学理論作出更大的貢献。

（二）研究院是在本校党委、校委会和校长的领导下进行工作。研究院的具体任务是：

1.招收学科缺全的研究生。根据国家的需要和本校的具体条件，巩固基础较好的专业，充实基础薄弱的专业，有計划地扩大招收研究生的专业，逐步創設条件，开設一些迫切需要的空白专业，以培养农业科学领域内学科缺全的研究生。在招收研究生时，必須严格挑选，切实保証質量。

2.加強对研究生的培养工作。研究院要加強对培养研究生工作的具

~1~

反复酝酿、慎重拟制试办研究院的方案（1963—1965）

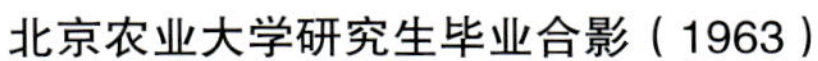
北京农业大学研究生毕业合影（1963）

园艺系研究生进行毕业论文答辩（1963）

人物

李连捷

李连捷（1908—1992），河北玉田人。土壤学家、农业教育家，中国土壤学学科创始人之一。

李连捷1927年考入齐鲁大学医学院，1928年转入燕京大学理学院，先攻读生物学，后改学地质地理学。1932年毕业后，应聘于北平中央地质调查所。1940年被派往美国考察水土保持并于田纳西大学农学院深造。1941年获理学硕士学位，再入伊利诺伊大学农学院深造，1944年获哲学博士学位。

回国后，他被聘为中央地质调查所研究员，并与侯光炯、马溶之、熊毅、李庆逵等人共同发起成立了中国土壤学会，当选为第一届理事会理事长。1947年，他被聘为国立北京大学农学院教授，与陈华癸创立了中国第一个土壤肥料学系。1949年以后，他历任北京农业大学土壤农业化学系教授、博士研究生导师、研究院副院长、中国农业遥感培训及应用中心主任等。1955 年，他被选为中国科学院首批院士（学部委员）。他还曾兼任中国科学院新疆综合考察队队长、国务院学位委员会学科评议组成员、中国土壤学会副理事长等职。

李连捷是中国土壤学学科的创始人之一，是中国地质学与土壤学学科交融的奠基人与开拓者。他在土壤分类学、土壤地理学、地貌学、第四纪地质学等方面成就卓著，并在土壤微形态、农业遥感等方面有开拓性建树，不仅促进了土壤学科的发展，也为国民经济建设做出了卓越贡献。20 世纪 30 年代，他对中国不同地区的地貌和第四纪地质与土壤的形成，特别是对华南热带、亚热带的红壤形成，进行了广泛而深入的研究。20 世纪 40 年代，他首次就土壤分类提出了三个土纲：自型土纲、水型土纲和复成土纲。20 世纪 50 年代，他两次带领工作组进藏开展科学考察，写出了《西藏农业考察》《西藏高原的自然区域》等论著，为揭开世界屋脊的奥秘，为后来的藏区科学考察和农牧业开拓发展奠定了基础。20 世纪 70 年代，他不顾年事已高报名参加河北省曲周县综合治理盐碱地的科学研究和生产实践，根据“盐随水来随水去”的原理，开展了以浅井深沟为主体的工程，将昔日的盐碱地治理成米粮仓。他应邀到湖南省城步苗族自治县进行草山的开发治理研究，提出建议引种优质牧草，并实行“条带垦殖”，为中国华南黄壤地区山地合理开发利用探索出新途径。

李连捷在河北曲周参加盐渍土改良研究（1974）

人物

熊大仕

熊大仕（1900—1987），江西南昌人。兽医学家、寄生虫学家、动物学家、兽医教育家，中国兽医寄生虫学奠基人、中国现代兽医教育先驱者之一。

熊大仕 1927 年毕业于美国爱荷华州立大学兽医学院，获兽医学博士学位。1928 年和 1930

年，又分别获得科学硕士学位和哲学博士学位。回国后，历任南开大学生物学系教授兼代理系主任、四川省农业改进所技正兼畜牧兽医组主任、中央大学农学院畜牧兽医系教授等职。1946—1949 年，他出任国立北京大学农学院教授，并先后任兽医系主任、农学院秘书长、代理院长等职。1949 年起，历任北京农业大学教授、兽医系主任、校秘书长、总务长、科学研究部副主任等职。

早在 20 世纪 20 年代，熊大仕就以其在马属与反刍动物纤毛虫领域的先驱性研究而著称。他首次将马属动物结肠纤毛虫修编归类，论述了 25 个属，51 个种，其中，有 3 个新属和 16 个新种，是由他鉴定建立的。此成果受到国际学术界的广泛关注和赞誉。20 世纪 30 年代是共生纤毛虫研究的兴盛时期，他的研究论述及所绘制的虫体图像，广泛见于多种原生动物的书籍中。20 世纪 40 年代，他专心从事线虫学研究，其论述引起苏联学者的重视，并转载于苏联科学院编著的《线虫学基础》。20 世纪 50 年代，他对结节虫研究的论文，是中国研究结节虫最系统、最完整的文献。20 世纪 60 年代以后，他领导的两项课题研究均取得了重要成果：一是猪肾虫病研究，取得了从形态学、分类学、生活史到流行病学、病理学与防治等多方面一系列成果，在国内外均处于领先地位；二是对鸡球虫病的研究，他是中国鸡球虫病研究的开拓者，所获成果对中国大规模养鸡事业的健康发展具有十分重要的作用。

熊大仕（左二）与兽医系同仁商谈工作（20 世纪 80 年代）

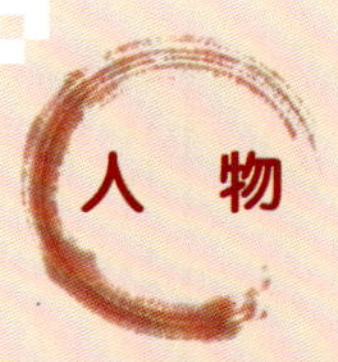

人　物

沈其益

沈其益（1909—2006），湖南长沙人。农学家、植物病理学家、农业教育家、社会活动家、科技管理专家。

沈其益 1933 年毕业于南京国立中央大学农学院，并留校任教。1934—1937 年，受聘为南京中央棉产改进所技师兼棉病研究室主

任。1937 年，他赴英国伦敦大学帝国学院深造，1939 年获得哲学博士学位。1940 年回国后，他历任中央农业实验所技正、国立中央大学生物系教授、中华自然科学社常务理事兼总干事等职。1949 年以后，历任北京农业大学教授、教务长、副校长、研究院首任院长和中国农业大学教授、博士研究生导师等职。

沈其益早年主要从事棉花病害及综合防治的研究工作，后扩展到小麦条锈病和真菌分类学的研究。20 世纪 30 年代，他出版了中国最早的有关棉花病害的专著《中国棉作病害》。在北京农业大学，他先后建立了植物病理生理研究室和药理研究室。在植物病理生理方面，专于对植物的抗病性机理研究；在药理学方面，则着重研究种衣剂的配方和应用。其研究成果在防治多种作物病虫害和促进增产方面成绩显著，曾荣获 1978 年全国科学大会奖等奖项。

1948 年东北解放，沈其益秘密联系和聘请在南京、上海的专家、教授赴东北解放区工作。一批知名科学家，如光学家王大珩、雷达专家毕德显、水利专家李士豪、物理化学家张大煜、兽医学家胡祥璧、林学家周重光以及医学家何琦、张毅、魏曦、乔树民、吴襄等，经他精心安排到达大连，赴东北解放区工作。沈其益因此受到了周恩来的亲切接见和高度赞誉。

1951 年，中央派出以廖承志为团长的调查团赴朝对美帝国主义施行细菌战的罪行进行调查。沈其益被委任为副秘书长，和著名昆虫学家刘崇乐及郭书田同志参加东北分团调查工作，公布了《关于美帝国主义在东北地区撒布细菌罪行调查报告书》，以事实揭露了美帝国主义细菌战的罪行。

沈其益曾长期主持北京农业大学的教学与科研管理工作，对学校发展的一系列重大事件，如“农耕学习”与教改、选择新校址、建设实验站与实验农场、筹建研究（生）院、回迁北京等，都做出了不可忽略的贡献。

改革开放以后，沈其益意识到高校开展国际合作的迫切性，不遗余力地推动和促进农大与国际知名大学的校际合作，其中，以与德国霍恩海姆大学 (Universität Hohenheim) 的合作最有成效，影响深远。该项目在 20 世纪 80 年代初为中国农业大学培养了一批优秀的学科带头人，促进了学科水平的提高，加速了学校的恢复和发展。德国前总理科尔高度评价该合作“是中德合作的典范”。

沈其益（右二）在河北邯郸曲周试验站（1978）

人 物

娄成后

娄成后（1911—2009），生于天津，祖籍浙江省绍兴县。植物生理学家，农业教育科学家。

娄成后1932年毕业于清华大学生物学系，1934年获岭南大学硕士学位，1939年获美国明尼苏达大学哲学博士学位。回国后，被聘为清华大学农业研究所副教授、教授，农学院农业化学系教授。1949年以后，娄成后历任北京农业大学教授、研究生院副院长、副校长等职。1980年，当选为中国科学院院士（学部委员）。曾任国家攀登计划项目“主要农作物高产、高效、抗逆生理基础研究”首席科学家。

娄成后长期潜心于植物生长发育中的物质运输与信息传递的研究，在理论和实践上均有重要贡献。1946—1948年3年间，他发现并证明了植物界也存在与动物类似的“神经—肌肉机理”的运动机制，回答了达尔文的猜想。他在国际上首次发现并论证了植物细胞间的“电耦联”现象，显示胞间连丝是电波传递与电解质转移的最有效通道，此项成果是国际植物生理学研究中的一项重大突破，较动物细胞间电耦联导致的“缝隙连接”的发现领先10年。

20世纪50年代起，娄成后系统地论证了植物细胞核物质穿壁运动与细胞间物质分配、运转过程的密切关系，首次揭示与确证了参与胞间运动的成员不限于核物质，还包括了多种细胞质组分，从而摆脱了早期工作中仅能以核的动态为指标的局限性，并为澄清赝象与真象的争议提供了有力的证据，成为植物细胞间交通研究上的第二项突破。

20世纪70年代后期，在娄成后的主持下，植物细胞间信息传递和物质运输的研究得以开展。20世纪80年代以后，原生质胞间运动的研究在新老器官更迭、哺育于新生组织间的营养供求等方面开展了系统地实验，提出了大分子物质的细胞间迁移是植物生长发育过程中细胞内含物再分配与再利用的一种方式，进而提出胞间连丝作为大分子胞间转移的通道，会因发育时期与外界影响而经历明显的结构修饰，表现为可控、封闭、开放三种状态。借此而实现对细胞间交通的调控。这一有关植物体内有机物运输的新见解进一步发展了物质运输的理论，有关研究成果曾分别于1980年和1982年获农业部科技成果一等奖和国家自然科学成果二等奖。

他还将基础研究成果应用于生产，在化学除草、蔬菜贮藏保鲜、农田覆盖减耕、旱区农业、育苗移栽等许多方面有超前和独到的见解，为农业现代化做出了贡献。

娄成后在观察标本

人 物

黄瑞纶

黄瑞纶（1903—1975），字子荣，河北任丘人。农业化学家、农用药剂学家、化学教育家，中国农药科学的创始人，中国植物性杀虫药剂化学研究的奠基人。

黄瑞纶1928年毕业于金陵大学理学院化学系，荣获“斐陶斐”金钥匙奖，并留校任教。1930年，他考入美国康奈尔大学理学院化学系，专攻农业化学和有机化学；1933年获哲学博士学位，被选为美国西格玛赛荣誉学会会员，并被授予金钥匙奖。归国后，曾任浙江大学农学院副教授、教授、农艺学系主任、广西农事试验场技正兼农业化学系主任、广西大学理工学院教授兼化学系主任等职。1946年，他被聘为国立北京大学农学院教授兼农业化学系主任。1949年以后，历任北京农业大学筹备委员会常务委员会委员、校务委员会委员、教授（1956年被评定为一级教授）兼土壤农业化学系主任。他还长期兼任中国化学会常务理事、中国植物保护学会副理事长等职。

黄瑞纶在中国农药发展史上所起的关键作用，为农药科学领域所公认和称颂。他多次解决了农药、植物保护中的重大难题，为中国高等农业教育的振兴，为中国农药事业的创立和发展，做出了卓越贡献。

20世纪30年代，黄瑞纶对国产植物性杀虫药剂进行了开创性研究。他首次从雷公藤根皮中分离出一种白色生物碱，定名为“雷公藤碱”，引起国内外有关学者的重视，被学术界认为是一种很有应用价值的植物性杀虫药剂。而后，他对植物性杀虫剂“毒血藤”和豆薯种子中杀虫有效成分进行了研究并取得了突出的成绩，首次发现并分离出豆薯种子的杀虫有效成分鱼藤酮和拟鱼藤酮。

20世纪50年代，黄瑞纶研制成功“固体棉油乳剂”，对棉区生产起了积极作用。20世纪60年代，他领导研究人员，仅用两年时间，就研制出杀灭柞蚕寄生蝇的有效药剂灭蚕蝇一号。此后，又研制成功灭蚕蝇三号。这一新药剂有更强的渗透性和选择毒力。试验证明，灭蚕蝇三号对当代及子代的蚕蛹、茧卵、丝质等均无不良影响，因而很快在蚕农中广泛推广，被誉为“神药”。利用选择性杀虫剂防治益虫体内寄生的害虫，从前国内外均无报道。1981年，

黄瑞纶（右三）与农化系部分师生在长城合影（1952）

防治柞蚕饰腹寄蝇的有效药剂——“灭蚕蝇一号”和“灭蚕蝇三号”荣获中国国家发明奖二等奖。此外，他还对有机磷农药的合成、农药残留分析、加工制剂和使用方法等进行了研究，其成果曾荣获1978年全国科学大会奖。在中国，他是最早注意到有机农药在作物中的残留及其对环境有危害的人。

黄瑞纶在北京农业大学开设了中国第一个农药专业。他编写出中国农药科学领域第一部有影响的专著——《杀虫药剂学》(1956)，并与赵善欢、方中达合著了（1959）中国第一部关于植物化学保护方面具有权威性的教材——《植物化学保护》

人　物

周明牂

周明牂(1907—2005)，曾用名周升地、周盛继，江苏海安人，昆虫学家、农业教育家，中国现代农业昆虫学的先驱，中国植物抗虫性学科的奠基人。

周明牂1929年毕业于南京金陵大学农学院。1930年他赴美国康奈尔大学深造，主攻昆虫学，于1931年和1933年获得科学硕士学位和哲学博士学位，并被选为美国西格玛赛荣誉学会会员，获金钥匙奖。回国后，他历任国立浙江大学农学院教授兼植物病虫害系主任、广西壮族自治区农业管理处一级技正、国立广西大学农学院教授兼院长、桂林科学实验馆研究员、福建农学院教授兼病虫害系主任、福建省研究院动植物研究所研究员等职。1946年被聘为国立北京大学农学院教授兼昆虫学系主任。1949年以后，历任北京农业大学教授、昆虫学系主任、植物保护系主任、博士研究生导师、北京农业大学学术委员会副主任等职。他还曾任中国农业科学院学术委员会委员兼植物保护研究所副所长，中国昆虫学会副理事长，中国植物保护学会副理事长，全国自然科学名词审定委员会委员等职。

周明牂穷毕生之力，致力于我国农业昆虫学的教学和研究，是建立和发展我国农业昆虫学的先驱者，是农业害虫综合防治与农业防治相结合的倡导者，中国植物抗虫性研究的奠基人。他孕育的“有害生物综合治理”基本原理，被国际植物保护科技工作者广泛接受；他提出多抗育种、一举多得的指导思想，并进行了针对性的工作，育成“6410”“6407”等多抗性丰产良种，这一思想的提出与工作的开展，在中国最早，在国际上亦较早。

他先后在国内、外发表学术论文100余篇，出版专著和教材10余部，其中，《中国经济植物害虫·害螨初步名录》一文既是中国第一篇作物害虫名录，亦是中国早期农业昆虫学基础性文献。《农业昆虫学》是中国第一本高等农业院校试用教材，该书对农业昆虫学科的原理和方法作了概括阐述，使农业昆虫学科从内容到体系上更臻于完善。特别是在区分“害虫”与“虫害”的概念，分析虫害产生的条件及控制害虫的基本途径以及比较分析各类防治法特点的基础上，制定出害虫防治的要求、策略、途径和方法，从而纠正了过去长期存在的防治“以消灭害虫的种为目标”和单纯依赖单一防治措施的偏向。

周明牂在河北邯郸实验田考察（1989）

人物

陆近仁

陆近仁（1904—1966），江苏常熟人。昆虫学家、昆虫形态学家、昆虫教育家，中国昆虫形态学的创始人之一。

陆近仁于1926年毕业于苏州东吴大学生物学系，并留校任教。1934年获硕士学位后，赴美国康奈尔大学深造，专攻鳞翅目昆虫，1936年获得哲学博士学位。由于学习努力、成绩优异，他在学习期间曾先后被选入斐陶斐和西格玛赛等荣誉学会，荣获3枚金钥匙。回国后，他重返东吴大学任生物学系教授。1938—1949年，他应聘为昆明清华大学农业研究所和国立清华大学农学院昆虫学系教授。1949—1966年，他出任北京农业大学昆虫学系和植物保护学系教授。曾任北京农业大学教务长、大一部主任、校长助理等职，并兼任中国科学院昆虫研究所研究员。

陆近仁是中国昆虫形态学家和鳞翅目昆虫专家，是中国少有的研究昆虫骨骼肌肉系统的著名学者。在昆虫形态学研究中，他强调形态与功能的统一。早在20世纪30年代，他就从事鳞翅目昆虫的研究，取得可喜成果，为开创中国鳞翅目昆虫幼虫分类工作做出了重要贡献。在北京农业大学任教期间，他还对螟蛾科、夜蛾科等昆虫进行了分类与形态学的研究。在螟蛾科昆虫方面，以他为首的研究人员对《中国昆虫目录》做了增订，使已知种类增加了一倍；在夜蛾科昆虫方面，他在有关专著中提出的鳞翅目昆虫幼虫毛序和发现的黏虫陷毛以及精珠的探讨，都是颇有参考价值的。为了促进中国昆虫学的发展，他积极倡导昆虫名称和名词的统一，并为此付出了辛勤劳动。

陆近仁一生致力于生物学和昆虫学的教学与科研工作，为建设与发展中国昆虫学，为培育中国昆虫学人才，鞠躬尽瘁，做出了卓越贡献，被誉为“中国的斯诺得格拉斯”（Robert Evans Snodgrass，1875—1962，昆虫形态学泰斗）。他坚持凡自己所授之课，都要事先经过研究并结合实际，因而受到学生们的欢迎。例如，他讲授的“昆虫形态学”，被学校誉为基础理论联系实际的典范。

抗日战争时期，陆近仁（前排右一）与清华农业研究所昆虫学组的部分人员合影

人　物

林传光

林传光（1910—1980），福建闽侯（今福州市）人。植物病理学家、植物真菌学家、植物病毒学家，农业教育家。

林传光于1929年考入福州私立协和大学生物学系，次年转入南京金陵大学农学院植物病理学系，1933年毕业后，历任福州协和农业职业学校任高级部主任、金陵大学植物病理学系助教及讲师。1937年，他赴美国康奈尔大学研究院深造，1940年毕业，获哲学博士学位。回国后，他历任成都金陵大学副教授、国民政府农林部专员等职。1946年被聘为国立北京大学农学院教授兼植物病理学系主任。1949年以后，他历任北京农业大学植物病理学系及植物保护系教授，曾兼任植物保护系副主任。此外，他还曾担任中国农业科学院植物保护研究所副所长，中国民主同盟中央文教委员会委员等职。

林传光毕生从事植物病理学的研究工作，其研究领域从真菌到病毒、从寄生病害到生理病害、从真菌生理到杀菌剂都在他的研究范围之内。他在真菌生理领域中的贡献为国际学术界所公认。由早期对孢子萌发生理的了解到后来对卵菌生理的研究，历经30余年，每一研究阶段，都有新的发现和突破。在真菌生理学方面，他证明了在分生孢子萌发中，阳离子对铜素按价数起不同程度的解毒作用；在卵菌生理研究中，他发现了在卵菌生理过程中用提高钙素浓度的方法，来解决有机酸利用氨基酸合成时增加细胞透性的矛盾。在马铃薯退化病的研究中，他对温度与病毒侵染后寄主耐病性变化规律的探索取得可喜成果，为制定种薯生产制度提供了科学依据，其科研成果“马铃薯晚疫病测报和防治”和“防治马铃薯退化研究”分别荣获1955年中国科学院科研成果集体二等奖和1978年全国科学大会奖；他还发现马铃薯晚疫病的流行规律，即从中心病株开始的病害流行规律，为马铃薯晚疫病的防治提供了有效方法，其研究成果于1955年获中国科学院成果二等奖。

林传光对待科学，实事求是，严肃认真，一丝不苟。他的同学、原国立北京大学农学院农艺学系主任（后为美国匹兹堡大学教授）李景均在《林传光先生科学论文集》的序言中写道：“我一生所认识的朋友中，很少有像传光那样肯吃苦用功的。无论环境如何恶劣，他的科学兴趣始终不变。无论设备如何简陋，他的研究工作延续不断。凡认识传光的人必会与我同意，他是一位沉默寡言的人，不苟言、不苟笑，思考周密，治学严谨。他从来不说大话，不说空话，不说谎话，不说废话。”

林传光（左一）在中国中医研究院中药研究所与刘文臣、戴如琴进行合作研究（1978）

人 物

蔡 旭

蔡旭（1911—1985），字勖敏，江苏武进人，小麦栽培及遗传育种学家、农业教育家，中国小麦杂交育种的开拓者和新中国小麦育种工作的奠基人之一。

蔡旭1930年考入中央大学农学院，先学蚕桑，后转入农艺系，1934年毕业后留校任教。1939—1945年任四川省农业改进所技士、技正，1945年赴美进修，回国后，任国立北京大学农学院农艺系副教授。1949年以后，他历任北京农业大学副教授、教授（1956年被评定为二级教授）、博士研究生导师、农学系主任、研究院副院长、副校长等职。曾担任或兼任中国农业科学院作物遗传研究所副所长，中国农学会副理事长，中国作物学会副理事长、理事长，北京市作物学会理事长，北京市科协副主席，全国小麦专家顾问组副组长，北京市小麦科技顾问团团长等职。1980年当选为中国科学院院士（学部委员）。曾荣获全国先进工作者称号。

蔡旭从事小麦遗传育种的研究和教学工作半个多世纪，做出了重大贡献。早年，他在金善宝教授指导下，选育出闻名全国的小麦品种“南大2419”，推广面积近亿亩，为中国小麦种植史上推广面积最大、范围最广、时间最长的一个良种，也是中国大面积推广的第一个抗锈品种。他曾经含辛茹苦地搜集国内外小麦原始材料3 000余种，为中国小麦品种资源和育种工作提供了重要的物质基础。1949年，他发表了《小麦成株抗条锈病遗传研究》一文，这是中国小麦抗条锈病遗传研究的第一篇论文。他主持农大小麦育种组，先后培育出四批20多个小麦良种，其中，“农大183”“农大36”等是中国自己杂交育成的在华北北部推广的第一批抗锈小麦良种；“农大139”“农大155”“东方红1、2、3号”等五个品种曾获1978年全国科学大会奖和河北省科技大会奖。

蔡旭几十年如一日，倾注全部心血于小麦遗传育种事业之中，并强调教学、科研、生产三结合。他结合育种实践，主持制定了农学系教学计划，并主持或参与大学教材和专著的编写。他撰写的《小麦杂交育种工作中品种特性遗传传递规律和亲本选配问题》等文章，对育种目标的制定、原始材料的筛选、亲本的选配、性状的选择、杂种的培育等工作均起到指

蔡旭在温室观察小麦生长情况

导作用。

蔡旭一生光明磊落、正直不阿、仗义执言，敢于向权威挑战。无论在遗传育种界的米丘林学派与摩尔根学派的争论中，还是在“大跃进”浮夸风盛行之际，抑或是“文化大革命”的困难处境里，面对种种批判和冲击，他不计个人荣辱，坚定地维护科学和真理，深信自己的事业是对人民有利的，并用事实证明小麦抗锈育种的必要性。

1985 年，虽然他的心脏病情几次恶化，但仍不肯间断工作。临终前最后一刻，他还在床头用手电筒照着分析试验研究资料。1988 年为了弘扬他的先进事迹和高尚品德，他的同事和学生们以及京郊农场等 35 个单位 950 多人自发捐资，在中国农业大学农学楼前树立了蔡旭半身铜像。

裘维蕃

裘维蕃（1911—2000），江苏无锡人，植物病理学家、植物病毒学家、菌物学家、农业教育家。

裘维蕃于 1931 年入中央大学旁听数理化课程，后考入金陵大学植物病理系，1935 年毕业后留校任教。1939—1944 年，他历任福建农学院讲师和国立清华大学农业研究所讲师。1944 年，他赴美国威斯康星大学研究生院深造，1947 年获哲学博士学位，并被选为美国西格玛赛科学学会会员。1948 年回国后，他被聘为国立清华大学农学院副教授。1949 年以后，他担任北京农业大学副教授、教授（1956 年评为二级教授）；他还曾兼任国务院学位委员会学科评议组成员，中国植物病理学会副理事长兼秘书长、理事长，中国菌物学会理事长、名誉理事长，中国植物保护学会副理事长，中国科学技术协会副主席，第四届至第六届国际植物病理学会理事及终身荣誉会员等职。1980 年他当选为中国科学院院士（学部委员）。

自 20 世纪 30 年代起，裘维蕃开始对中国真菌和植物病害进行广泛而深入的调查研究，特别是对云南高等食用菌的分类和栽培的先驱性调查研究，成绩卓著，在国际上获得很高的评价。其著作《中国食菌及其栽培》（1952）一书成为中国人工栽培菌的奠基之作。在美留学期间，他从事真菌生理及致病力变异的研究，成为最早发现真菌异核现象者之一，并在国际上第一位提出确切表达一种病害发生程度公式（即现在所采用的植物病情指数公式）。

20世纪50年代，他在白菜三大病害领域的研究成绩突出。20世纪60—70年代，他主要致力于植物病毒学的研究，相继编著了中国第一部《植物病毒学》和《植物病理学》。1969年，他首先证明了中国小麦丛矮病是由灰飞虱传染的病毒所致，对该病的发生规律和防治措施，提出了预见。20世纪80年代，他首先提出了诱导植物抗病毒性的理论，并成功研制出“NS-83增抗剂”，用以抑制番茄和烟草病毒病，增产效果显著，曾获1990年国家教科委科技进步一等奖和1991年国家自然科学三等奖。1998年，他主编出版了巨著《菌物学大全》。

裘维蕃（中）在实验室指导博士研究生（1988）

裘维蕃把他在科学研究上的卓越贡献带到了国家委托的外事活动中，赢得了广泛的赞誉，如20世纪50年代积极参与抗美援朝反细菌战工作；20世纪60年代，协助古巴科学院建立植物病理研究所；20世纪70年代，担任对美国输入美麦带菌问题进行国际谈判的首席谈判代表等。

人物

曾德超

曾德超（1919—2012），海南琼山人，著名农业工程学家、农业机械学家、教育家。中国农业机械、农业工程学科的奠基人和开拓者。

曾德超1942年毕业于重庆国立中央大学机械工程系，1948年于美国明尼苏达大学毕业，获农业工程科学硕士学位。1952年初作为核心成员参与北京农业机械化学院的筹建工作。建校后，历任教授，农业机械化系、农业机械制造系主任，校学位、学术委员会主席，副院长，校顾问等职，为学校的建设、改革、发展做出了突出贡献。他是国家第一批博士研究生指导教师，国务院学位委员会机械制造学科评议组第一、二届成员，中国农业科学院学术委员会委员，农牧渔业部科学技术委员会委员，国家科委农业机械学科组成员及农业工程学科组成员。1995年当选中国工程院首批院士。

曾德超从事教育事业和科学研究工作70年，对我国农业工程学科的发展做出了重要贡献，是我国农业机械化事业发展的开拓者之一。他在国内外首先建立土动剪强、动摩擦方程和切土动力模型，以此为导线编撰了第一本机械土壤动力学专著，为土方机械耕挖加工领域的技术进步提供了基础保障。他还开创了农田建设和土壤耕作水热盐气定量效应与调控工艺领域的研究，发表系列论文并提出“集雨蓄水耕作”，农场生产经营与资源、生态、环境综合管理，节水、变量、保护、培育等技术复合农耕制的中国型可持续农业工程技术解决方案，并通过国际合作开发了华北条件下果树三高与防污生产的“调亏灌水”技术和含大田在内的田间实时监测、短期预报、收支平衡的科学灌溉制度和实施技术，为实现我国节水农业提供了一条实现定量化的可供推广的技术途径。

曾德超把农业活动与自然环境的相互关系作为一个整体来思考农业工程学科的研究方向，极大地拓展了学科研究领域。随着技术进步和农业生产环境的变化，他总是能敏锐地捕捉到学科领域中具有决定性作用的课题，并展开研究，保持了研究的前瞻性。

自北京农业机械化学院成立之初，他直接领导、指导着农业机械化系、农机设计制造系直至中国农业大学工学院各专业、各学科的建设和发展，开展了大量基础性、开创性、创新性的工作，贡献巨大。

曾德超教授和英国专家考察内蒙古河套灌区的排水状况

人 物

李翰如

李翰如（1917—1987），湖南湘潭人。农业工程学科的先驱者和教育家，农业机械制造和农业机械化专家。

李翰如1941年毕业于国立西北农学院，1943年回农学院水利系任教。1945—1947年，他赴美留学攻读硕士，回国后担任国民政府行政院机械农垦处技术专员和湖南分处的业务组长。新中国成立后，他任华北农业机械总厂高级工程师、计划科科长。1953年10月，他调到北京农业机械化学院，历任教授、博士生导师、农机教研室主任、农机制造系副主任；1980—1982年，他出任学院副院长。他曾兼任国务院学位委员会学科评议组成员、中国农业机械学会常务理事、北京市农业机械学会副理事长、中国农业工程学会副理事长、《当代中国·中国的农业机械化卷》副主编、《中国大百科全书·农业机械化卷》编委等职。

李翰如为我国的农业工程教育和科学研究贡献了毕生精力，他编译出版专著共约140万字，撰写各种论文近百篇，主编、校订、审定的教材、词典等共约400万字。这些文献在社会上有广泛的影响，成为我国农业机械工程界的宝贵财富。

20世纪50年代前期，他设计的5吨韧铁焖炉，解决了当时农机制造的急需；他率先翻译出版《苏联机械制造百科全书·第十二卷》一书，系统地把苏联的农业机械介绍到中国；他出版的《播种施肥及栽植机械》是我国阐述种植机械的第一本专著。

20世纪70年代，他发表的关于立式割台收割机、水稻联合收割机、往复式切割器切割速度、齿纹刃刺切原理等论文，对收获机械的设计理论有进一步地提高；1978年，他开始研究精密播种联合作业技术，并培养这个方向的研究生，大大提高了精密播种机械的设计水平，是对农业机械化科研选题的一个重大发展。

20世纪80年代初李翰如创造性地开拓了农业物料流变学。他率先对各种农畜产品及农业物料的流变特性开始系统的实验研究，以期由此开拓出各种农业物料的流变模型，从而揭示其流变特性与共性，并进而探索生物系统的流变机理，促进生物技术与工程技术相结合的基础研究工作的进一步发展。该研究领域当时国外才开始起步，在国内还是空白。他和潘君拯合作编写的《农业流变学导论》一书，后因他去世，由他的研究生整理完成出版（1990）。

李翰如教授（右二）出访康奈尔大学

万鹤群

万鹤群（1919—2015），江苏武进人。农业工程学家、教育家、农业机械化专家，我国农业机械化学科主要创始人之一。

万鹤群1941年毕业于重庆国立中央大学航空系，1945年赴美国爱荷华州立大学进修农业工程，1949年到农业部双桥机耕学校工作。1952—1962年间，他与曾德超、李翰如、陈立、柳克令等教授一起主持我校农业机械化系的规划、筹建、组织，为全国高校农业机械化专业的建立和发展提供了样板，开创了我国农业机械化教育教学新体系。此后在校长期从事农业机械化科研教学工作。

"文化大革命"后，万鹤群作为学校专业调整领导小组负责人，和曾德超教授等提出改造老专业、筹建新专业的基本原则，为农业工程学科后续发展拟定了基本框架。1988年以他为带头人之一的农机化学科被评为国家级重点学科。

万鹤群在我国农业机械化发展战略和区域规划等重大问题方面研究成绩显著。他主持完成省部级课题近20项，其中，"中国农业机械化发展战略和政策研究""中国农业机械化区域规划"获省部级科技进步二等奖，有重大理论价值和实用价值，在国内、外都享有较高的声誉和影响。

万鹤群勤耕善教，以为国家培养栋梁之材为己任，作为农业机械化博士点的首位博士生导师，先后指导和培养近20位农业机械化、农业经济管理学科博士，在不同工作岗位上为中国农业现代化建设做出了重要贡献。

万鹤群（左三）指导研究生

人　物

柳克令

柳克令（1920—2008），湖南长沙人。农业机械专家、农业系统工程专家。

柳克令1942年毕业于浙江大学，1945—1946年在美国爱荷华大学农业工程系进修，回国后任中国农业机械公司工程师，湖南大学副教授，中南机筑总队顾问工程师，交通部公路总局工程师等职。1954年调入北京农业机械化学院任教授，历任机械零件教研室主任、教育系主任、科研处副处长、函授部主任、教务处副处长、校学位委员会委员、学术委员会委员、学报编委会主任等职。

柳克令为农业系统工程学科的建立和发展做了大量开创性工作和贡献。他创办系统工程教研室；率先在全国农业院校中招收系统工程硕士研究生；开设系统工程概论、系统分析、专业文献阅读、西方经济学原理、经济系统分析等新课程；主持创办了《北京农业机械化学院学报》。

在柳克林的推动下，北京农业机械化学院与国外四十多个机构建立了交换资料关系，尤其是中日农机界学术交流及合作，收益不菲。他曾代表中国农机学会参加日本农机学会第42届年会，作了《中国农业机械化的现状和展望》的学术报告。

柳克令主持编写了《控制论》《预测技术》等讲义，翻译了大量国外资料。公路施工方面的著译作有《打桩机械》《桥梁施工设备》《道路工程的小型机械化》等；农业机械和系统工程方面的著译作有《农业系统工程译文集》《WordStar使用方法》《VisiCalc使用方法》等。代表性论文有《悬挂机组耕深稳定性研究》《中国农业机械化的现状和展望》《关于系统工程与管理类研究生的培养问题》《我国乡镇企业发展问题的探讨》《我国粮食供求模型及其作用》等20余篇。

柳克令教授（左二）与苏联专家安吉波夫（右四）及农机学院领导在一起

余新福

余新福（1917—1987），湖北蒲圻人。著名农业工程力学专家、教育家，归国华侨，九三学社社员。

余新福1939年毕业于沪江大学物理系，1941年在美国普渡大学航空系获工程硕士学位。毕业后在美国泰勒、康佛等飞机制造厂历任飞机力学主任工程师、飞机结构和空气动力工程师等职，曾参与世界上最大的活塞动力巨型客机XC-99的飞行规范的制定工作；他对机尾设计的改进，解决了喷气式战斗机的“蛇行”飞行问题。

1947年回国后，余新福在上海任中国航空公司工程师，中央航空公司顾问工程师。1949年在香港毅然参加“两航”起义，投身祖国的社会主义建设事业，曾任北京民航局工程师，哈尔滨军事工程学院教授。1955年调入北京农业机械化学院工作，历任教授、材料力学教研室主任、校学术委员会常委、校务委员会和学位委员会委员、教代会教学科研工作委员会名誉主任等职。

余新福从事教学和科研工作近40年，把全部心血倾注给党和国家、人民的事业，为“四化”建设培养了众多人才。1974年，他带领教研室师生奔赴东北、华北等地，进行农机强度调查和参加华北犁系列设计工作，为后来开展农机机架强度计算，招收硕士、博士研究生，建立计算力学硕士点奠定了基础。20世纪80年代，余新福从事疲劳强度领域的研究工作，收集查阅了大量文献资料，并亲自深入工厂进行疲劳强度试验，在基础理论方面做出重大贡献，开创了农机强度研究的新方向。

余新福教授（前排左四）培养出中国第一个农业工程博士研究生徐林生（前排左五）（1985）

人物

孙文郁

孙文郁（1899—1981），字绍周，山西宁武人。农业经济学家。

孙文郁1924年毕业于金陵大学农科，于农经系留校任教。1928—1930年在美国斯坦福大学食品研究所进修，获硕士学位，后又在美国康奈尔大学从事研究工作。回国后长期在金陵大学任教，历任副教授、教授，金陵大学农业经济系主任、代理农学院院长等职。1950年调入中央农业部任计划司副司长。1952年调入北京农业机械化学院任副院长，农业经济学教授，1980年任北京农业机械化学院顾问。曾任北京市经济学会理事，北京市科学技术协会委员，北京市作物协会理事等职。

孙文郁终生从事农业教育事业和农业经济学研究。早在金陵大学时期，他就与农经系主任卜凯、同事乔启明、崔毓俊等在中国创立了农业经济的“技术学派”，完成了大量全国土地与农场调查工作。他治学严谨，擅于实地调查研究，对农业经济学科有很深造诣，是我国农业经济学界的开拓者之一，在国内外农业经济学界享有盛誉，著有《农场管理学》《农业经济学》《小麦丛书》《中国土地利用》《四川桐油之生产与运销》和《农村经济调查报告（20余种）》等著作、报告，并为国家培养了大批农业科学人才。

人物

陈立

陈立（1922—至今），江苏无锡人，农业机械学家。

1949年美国德州农工大学农业工程系研究生毕业。赴美留学期间，曾与马骥（农业机械专家，曾任华北农业机械总厂工程师、主任设计师，一机部农机研究所总工程师）等留美学生进步积极分子在费城共同组织成立了“留美科协费城区会”，印刷宣传品，举办图片、电影活动，宣传解放区中国人民新气象。1949年6月，美中科协在匹兹堡召开了全美大会，陈立参加了大会，从会中得到鼓励，增强了回国建设新中国的热情和决心。随后，他立即秘密策划回国，毅然抛弃了美国优越生活和工作，冲破了美国当局种种阻挠，于 1949 年 9 月回到祖国北京。

1951 年在北京农业大学农机系兼任教授。1952 年调入北京农业机械化学院任教授、农机系副主任，主持农机系修理教研组工作。他与曾德超、李翰如、万鹤群、柳克令等一起，为新成立的农业机械化系进行学科规划，建立了我国农业机械化教育教学的新体系。

20 世纪 60 年代初，陈立结合农机维修课程，用相当的篇幅介绍摩擦磨损及表面工程的内容，开设相关的实验。这是国内摩擦学在人才培养方面的早期探索之一。

三　磨难励精魂（1966—1978）

“文化大革命”开始后，10年来起伏曲折的高等教育探索戛然而止。“文化大革命”使北京农业大学、北京农业机械化学院的师生饱受折磨摧残，学校被迫迁离北京，在颠沛流离中求生存。因遭受长时间的全面破坏，学校损失惨重。

❖ 陕北春秋

1970年，北京农业大学奉命迁往陕北甘泉县清泉镇。全体教职工发扬延安精神，自力更生，克服困难，积极建校，同时因陋就简开展教学与科研，为地方生产服务。

清泉沟校址

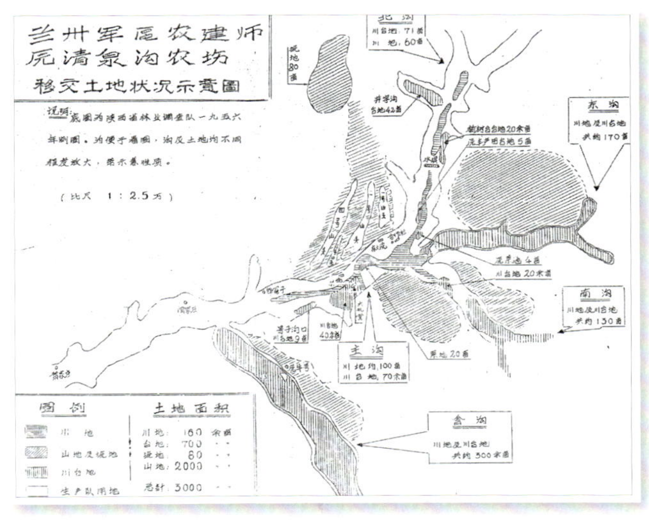

清泉沟平面图

艰苦创业　勤俭办学

开荒种地

窑洞课堂

建赤霉素厂

生产兽药

蔡旭教授等在洛川、绥德、黄陵、甘泉等县选择 31 个点，播种 200 多个小麦品种，坚持育种工作不断

❖ 涿县风雨

1971 年，清泉沟一带地方病暴发，而与延安大学合并及杨家岭建校的方案均无结果，学校命运岌岌可危。1973 年 1 月，国务院决定北京农业大学迁至河北涿县，更名为华北农业大学。涿县办学时期，农大师生们顶住“四人帮”的压力，走与群众与生产结合的道路，在人才培养和科研上都取得了一定成绩。

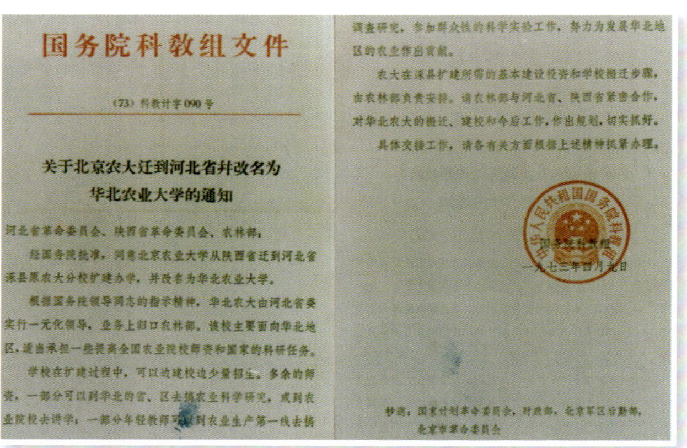

国务院科教组文件

（73）科教计字 090 号

关于北京农大迁到河北省并改名为华北农业大学的通知

河北省革命委员会、陕西省革命委员会、农林部：

经国务院批准，同意北京农业大学从陕西省迁到河北省涿县原农大分校扩建办学，并改名为华北农业大学。

根据国务院领导同志的指示精神，华北农大由河北省委实行一元化领导，业务上归口农林部。该校主要面向华北地区，适当承担一些提高全国农业院校师资和国家的科研任务。

学校在扩建过程中，可以边建校边少量招生。多余的师资，一部分可以到华北的省、区去搞农业科学研究，或到农业院校去讲学；一部分年轻教师可以到农业生产第一线去搞调查研究，参加群众性的科学实验工作，努力为发展华北地区的农业作出贡献。

农大在涿县扩建所需的基本建设投资和学校搬迁步骤，由农林部负责安排。请农林部与河北省、陕西省紧密合作，对华北农大的搬迁、建校和今后工作，作出规划，切实抓好。

具体交接工作，请各有关方面根据上述精神抓紧办理。

国务院科教组

一九七三年四月九日

抄送：国家计划革命委员会，财政部，北京军区后勤部，北京市革命委员会

北京农业大学迁校涿县并更名

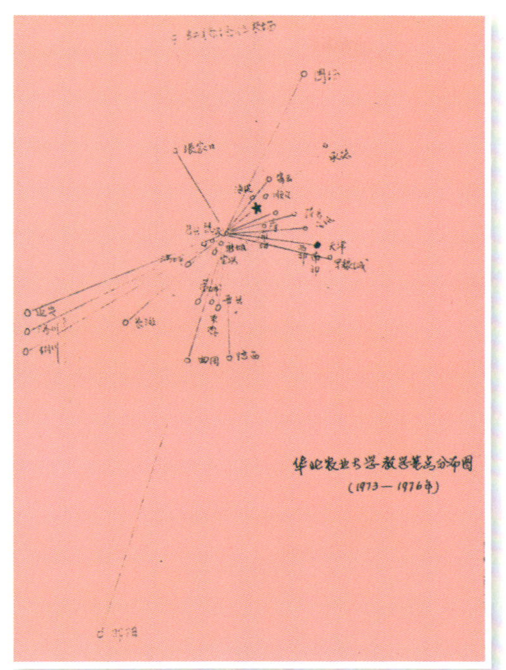

逆境中坚持『开门办学』，以教师下乡为基础工作，在河北、京、津、山西等八个省市的农村建立大量的教学与科研基点

高鹏先校长（左二）在河北围场教学基点视察工作

彭克明教授坚持在楼顶做实验

下乡指导农民进行果树栽培

1971年，北京农业大学开始举办工农兵学员试点班，招收农学、牧医两个专业学员103人。此图为华北农业大学1978届学生毕业典礼

❖ 重庆岁月

1969 年 10 月，北京农业机械化学院奉命疏散，到河北涞源山区修建铁路，在石家庄、潍坊等地工厂劳动。1970 年 6 月，学校整体迁往四川重庆北碚，与西南农学院合用校园。1971 年，更名为四川农业机械学院，1972 年又改名重庆农业机械学院。

在重庆期间，学校除招收工农兵学员外，还先后举办各种培训班，组织教改小分队进行科研、技改等。

迎接新生

重庆农业机械学院招收首批工农兵学员，在西南农学院内举行开学典礼（1972）

◀学校再次搬迁河北，首批工农兵学员大部分转入重庆大学、成都工学院、成都农机学院，少部分随校前往邢台

❖ 邢台坎坷

由于在重庆不与西南农学院合并，1973 年 10 月，国务院批准重庆农业机械学院（原北京农业机械化学院）迁邢台建设，并改名为华北农业机械化学院。1975 年 11 月，学校正式迁往邢台办公。

1976 年学院完成迁校邢台后，在无正规教室可用，教师分散在农民家中的困难条件下，招收了 130 名工农兵学员，还举办各种短训班，两年间共培养 5 157 名学员。

华北农业机械化学院校门

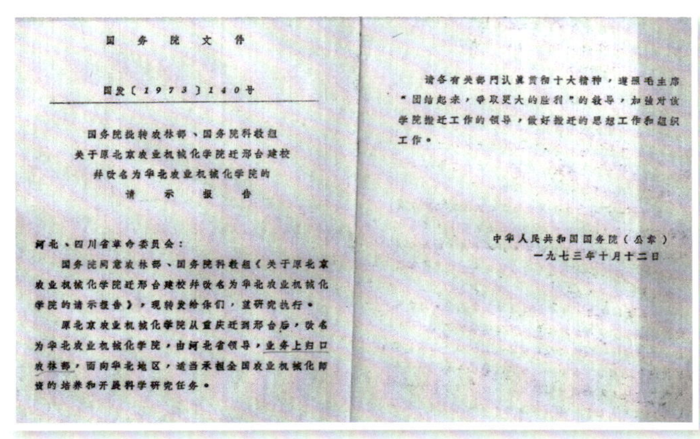

国 务 院 文 件

国发〔1973〕140号

国务院批转农林部、国务院科教组
关于原北京农业机械化学院迁邢台建校
并改名为华北农业机械化学院的
请 示 报 告

河北、四川省革命委员会：

国务院同意农林部、国务院科教组《关于原北京农业机械化学院迁邢台建校并改名为华北农业机械化学院的请示报告》，现转发给你们，望研究执行。

原北京农业机械化学院从重庆迁到邢台后，改名为华北农业机械化学院，由河北省领导，业务上归口农林部，面向华北地区，适当承担全国农业机械化师资的培养和开展科学研究任务。

请各有关部门认真贯彻十大精神，遵照毛主席"团结起来，争取更大的胜利"的教导，加强对该学院搬迁工作的领导，做好搬迁的思想工作和组织工作。

中华人民共和国国务院（公章）
一九七三年十月十二日

重庆农业机械学院（原北京农业机械化学院）迁邢台建校并改名为华北农业机械化学院（1973.10.12）

华北农业机械化学院 1976 届工农兵学员开学典礼

❖ 曙光初现

1976 年"四人帮"被粉碎，"文化大革命"结束，在"十年浩劫"中遭受严重破坏和重大损失的北京农业大学和农业机械化学院终于迎来了命运的转机。学校经过多种渠道向中央领导和有关部门反映生存发展问题，力争迁回北京办学。1977 年 8 月 4 日，沈其益在邓小平召开的科学和教育座谈会上发言，陈述北京农业大学的生存状况和返京愿望。

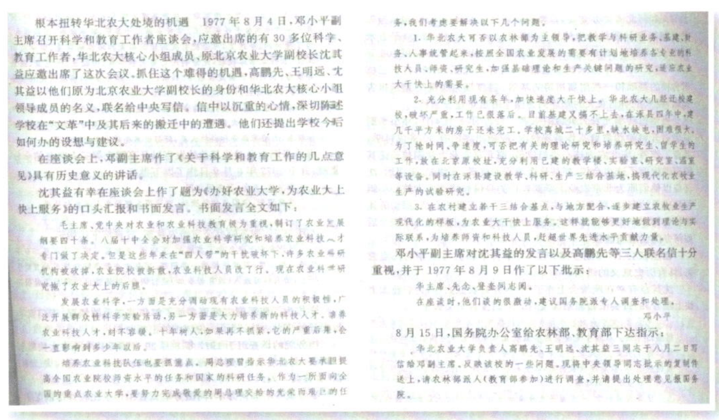

根本扭转华北农大处境的机遇　1977 年 8 月 4 日，邓小平副主席召开科学和教育工作者座谈会，应邀出席的有 30 多位科学、教育工作者，华北农大核心小组成员、原北京农业大学副校长沈其益应邀出席了这次会议。抓住这个难得的机遇，高鹏先、王明远、沈其益以他们原为北京农业大学副校长的身份和华北农大核心小组领导成员的名义，联名给中央写信。信中以沉重的心情，深切陈述学校在"文革"中及其后来的搬迁中的遭遇。他们还提出学校今后如何办的设想与建议。

在座谈会上，邓副主席作了《关于科学和教育工作的几点意见》具有历史意义的讲话。

沈其益有幸在座谈会上作了题为《办好农业大学，为农业大上快上服务》的口头汇报和书面发言。书面发言全文如下：

毛主席、党中央对农业和农业科技教育极为重视，制订了农业发展纲要四十条。八届十中全会对加强农业科学研究和培养农业科技人才专门做了决定。但是这些年来在"四人帮"的干扰破坏下，许多农业科研机构被砍掉，农业院校被拆散，农业科技人员改了行。现在农业科学研究拖了农业大上的后腿。

发展农业科学，一方面是充分调动现有农业科技人员的积极性，广泛开展群众性科学实验活动，另一方面是大力培养新的科技人才。培养农业科技人才，刻不容缓。十年树人，如果再不抓紧，它的严重后果，会一直影响到多少年以后。

培养农业科技队伍也要抓重点。周总理曾指示华北农大要承担提高全国农业院校师资水平的任务和国家的科研任务。作为一所面向全国的重点农业大学，要努力完成敬爱的周总理交给的光荣而艰巨的任务，我们考虑要解决以下几个问题。

1. 华北农大可否以农林部为主领导，把教学与科研业务、基建、财务、人事统管起来，按照全国农业发展的需要有计划地培养各专业的科技人员、师资、研究生，加强基础理论和生产关键问题的研究，适应农业大干快上的需要。

2. 充分利用现有条件，加快速度大干快上。华北农大几经迁校建校，破坏严重，工作已很落后。目前基建又搞不上去，在涿县四年中，建几千平方米的房子还未完工。学校离城二十多里，缺水缺电，困难很大。为了抢时间、争速度，可否把有关的理论研究和培养研究生、留学生的工作，放在北京原校址，充分利用已建的教学楼、实验室、研究室、温室等设备。同时在涿县建设教学、科研、生产三结合基地，搞现代化农牧业生产的试验研究。

3. 在农村建立若干三结合基点，与地方配合，逐步建立农牧业生产现代化的样板，为农业大干快上服务。这样就能够更好地做到理论与实际联系，为培养师资和科技人员，赶超世界先进水平贡献力量。

邓小平副主席对沈其益的发言以及高鹏先等三人联名信十分重视，并于 1977 年 8 月 9 日作了以下批示：

华主席、先念、登奎同志阅。

在座谈时，他们谈的很激动，建议国务院派专人调查和处理。

邓小平

8 月 15 日，国务院办公室给农林部、教育部下达指示：

华北农业大学负责人高鹏先、王明远、沈其益三同志于八月二日写信给邓副主席，反映该校的一些问题。现将中央领导同志批示的复制件送上，请农林部派人（教育部参加）进行调查，并请提出处理意见报国务院。

沈其益在座谈会上的发言稿（1977.08.04）

由于邢台不具备办学条件，农业机械化学院党委书记兼院长张纪光积极向党中央、国务院要求迁回北京原址。1979 年 2 月 15 日，胡耀邦批示同意。

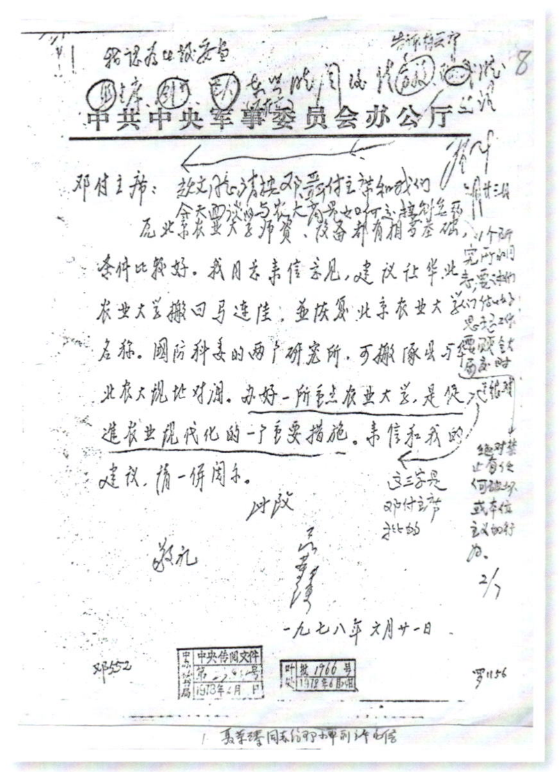

中共中央军事委员会办公厅

邓付主席：

原北京农业大学师资、设备都有相当基础，条件比较好。我同意来信意见，建议让华北农业大学搬回马连洼，并恢复北京农业大学名称。国防科委的两个研究所，可搬涿县与华北农大现址对调。办好一所重点农业大学，是促进农业现代化的一个重要措施。来信和我的建议，请一併阅示。

此致

敬礼

聂荣臻

一九七八年六月廿一日

聂荣臻写信给邓小平，建议华北农业大学回北京并恢复北京农业大学校名（1978.06.21）

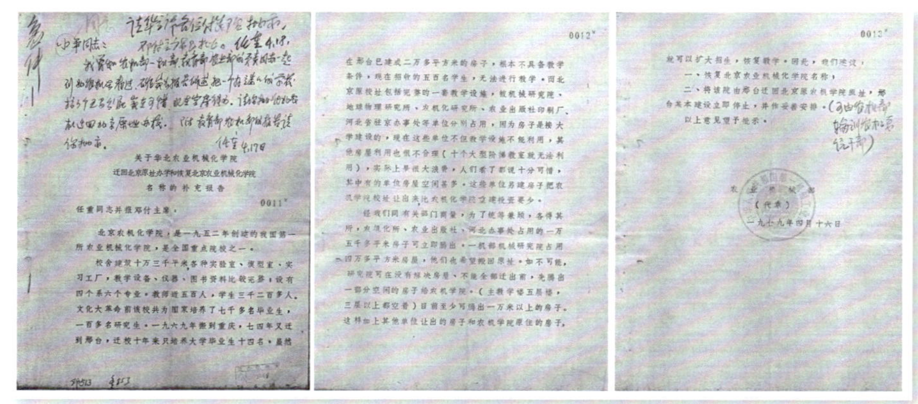

王任重副总理转发邓小平同志批示同意的农机部报告（1979.04.18）

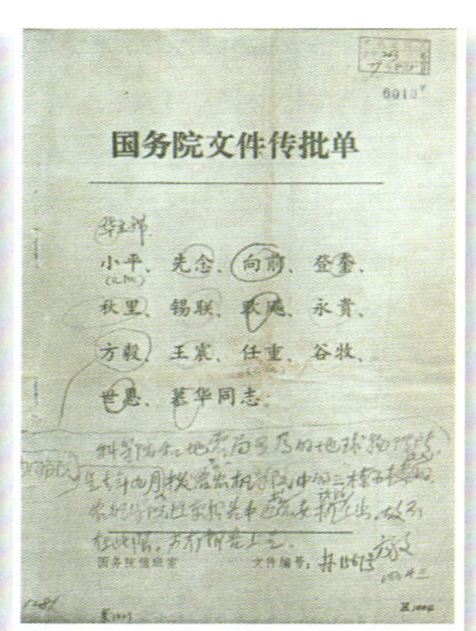

国务院文件传批单

华国锋、邓小平等15位总理、副总理签批同意农机学院迁回北京原校址办学

四 改革求发展（1978—1995）

在党中央的关怀下，学校终于获得新生。华北农业大学和华北农业机械化学院分别于 1978 年 11 月和 1979 年 5 月正式获准迁回北京原址办学，并恢复北京农业大学和北京农业机械化学院校名。

1984 年，北京农业大学被列为国家重点建设 10 所高等院校之一，北京农业机械化学院仍是全国重点高校之一。1985 年，经教育部批准，北京农业机械化学院更名为北京农业工程大学。

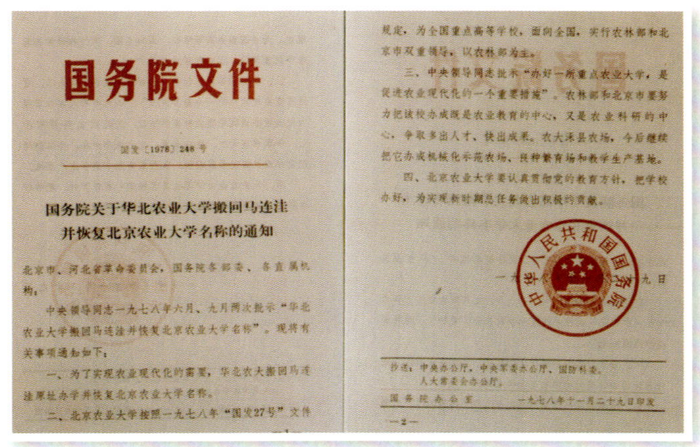

国务院文件

国发〔1978〕248 号

国务院关于华北农业大学搬回马连洼并恢复北京农业大学名称的通知

北京市、河北省革命委员会，国务院各部委、各直属机构：

中央领导同志一九七八年六月、九月两次批示"华北农业大学搬回马连洼并恢复北京农业大学名称"。现将有关事项通知如下：

一、为了实现农业现代化的需要，华北农大搬回马连洼原址办学并恢复北京农业大学名称。

二、北京农业大学按照一九七八年"国发27号"文件规定，为全国重点高等学校，面向全国，实行农林部和北京市双重领导，以农林部为主。

三、中央领导同志批示"办好一所重点农业大学，是促进农业现代化的一个重要措施"。农林部和北京市要努力把该校办成既是农业教育的中心，又是农业科研的中心，争取多出人才，快出成果。农大涿县农场，今后继续把它办成机械化示范农场、良种繁育场和教学生产基地。

四、北京农业大学要认真贯彻党的教育方针，把学校办好，为实现新时期总任务做出积极的贡献。

中华人民共和国国务院

一九七八年十一月二十九日

抄送：中央办公厅，中央军委办公厅，国防科委，人大常委会办公厅。

国务院办公室　　一九七八年十一月二十九日印发

—2—

华北农业大学搬回北京并恢复北京农业大学名称（1978.11.29）

叶剑英为北京农业大学题写校名（1979.10.12）

北京农业机械化学院改为北京农业工程大学，成为名副其实的多学科综合性工程大学（1985）

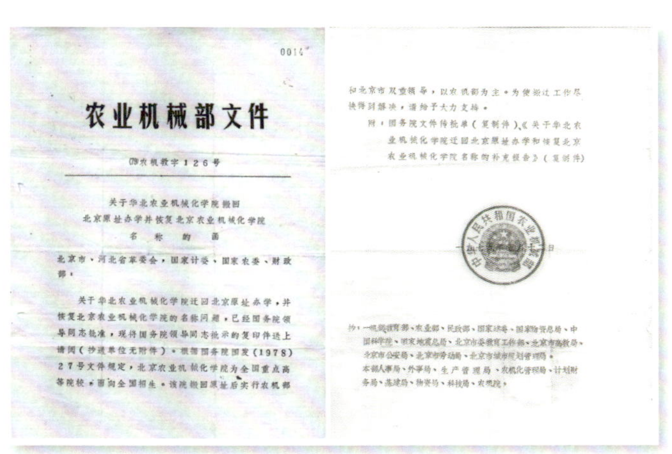

0014

农业机械部文件

(79)农机教字 1 2 6 号

关于华北农业机械化学院搬回北京原址办学并恢复北京农业机械化学院名称的函

北京市、河北省革委会，国家计委、国家农委、财政部：

关于华北农业机械化学院迁回北京原址办学，并恢复北京农业机械化学院的名称问题，已经国务院领导同志批准，现将国务院领导同志批示的复印件送上请阅（抄送单位无附件）。根据国务院国发（1978）27号文件规定，北京农业机械化学院为全国重点高等院校，面向全国招生。该院搬回原址后实行农机部和北京市双重领导，以农机部为主。为使搬迁工作尽快得到解决，请给予大力支持。

附：国务院文件传批单（复制件）、《关于华北农业机械化学院迁回北京原址办学和恢复北京农业机械化学院名称的补充报告》（复制件）

中华人民共和国农业机械部

抄：一机部、教育部、农垦部、民政部、国家建委、国家物资总局、中国科学院、国家地震总局、北京市委教育工作部、北京市高教局、北京市公安局、北京市劳动局、北京市城市规划管理局。本部人事局、外事局、生产管理局、农机化管理局、计划财务局、基建局、物资局、科技局、农机院。

华北农业机械化学院迁回北京原址办学并恢复北京农业机械化学院名称（1979.05.12）

❖ 重建家园

学校刚搬回北京时，困难重重，首当其冲的是教学、科研及师生生活用房奇缺。校园满目疮痍，绝大部分校舍被外单位占用。经过不懈努力，北京农业大学和北京农业工程大学在 20 世纪 80 年代末至 90 年代初基本收回被占用的校舍。同时，学校积极新建各类用房，大大改善了师生员工的教学、科研和生活条件。

学校大门前挂满占据校园的外单位门牌

校园几近废墟，师生们只能在平房、仓库、楼道、马厩、猪舍等暂居，同时自己动手盖起土房和棚子

教授们拥挤在厕所改成的宿舍里

数十万册图书文献只能堆放在平房仓库内

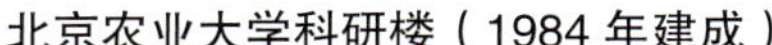
北京农业大学科研楼（1984 年建成）

教职工宿舍楼（20 世纪 80 年代建成）

北京农业工程大学图书馆（1987 年建成）

十年浩劫，学校教师队伍遭受极其严重地摧残，人数减少，年龄老化，体质下降，后继乏人。恢复、补充和提高教师队伍成为学校重建工作中的当务之急（表 4–6、表 4–7）。

表 4–6　北京农业大学教师队伍重建的前后对比

年度	职称 / 人				总计 / 人
	教授	副教授	讲师	助教	
1965	29	74	151	404	638
1978	15	55	112	345	527
1986	74	144	393	370	981

表 4-7 北京农业工程大学教师队伍重建的前后对比

年度	职称 / 人					总计 / 人
	教授	副教授	讲师	助教	教员	
1980	7	34	273	72	120	506
1987	17	129	254	198	0	698

❖ 再踏征程

学校逐步建立起正常的教学秩序，恢复了停顿十多年的本科、研究生教育工作。随着改革开放的推进，学校的教育教学工作进入求变求新，全面发展的阶段。北京农业大学和北京农业工程大学的院系设置也与时俱进地增加或变更（表 4-8、表 4-9）。

表 4-8 北京农业大学 1980 年与 1995 年的院系设置

年度	院系
1980	农学系
	园艺系
	植保系
	土化系
	畜牧系
	兽医系
	农经系
	气象系
1995	植物科学技术学院
	资源与环境学院
	动物科学技术学院
	动物医学院
	经济管理学院生物学院
	生物学院
	基础科学技术学院
	人文社会科学学院
	研究生院
	继续教育学院
	食品科学系
	农业工程系
	体育教学部

表 4-9　北京农业工程大学 1979 年与 1995 年院系设置

年度	院系
1979	农业机械化系
	农业机械设计制造系
	农田水利系
	农业电气化系
	基础课部
	社会科学部
1995	机械工程学院
	水利与土木工程学院
	电子电力工程学院
	国际学院
	乡镇企业与社会发展学院（社会科学部）
	继续教育学院
	食品工程系
	车辆工程系
	管理工程系
	基础课部
	研究生部
	农业工程研究院

北京农业大学从 20 世纪 80 年代中期开始全面实行计划学分制，并试行“按系招生、组合式教学”改革，加强学科基础，拓宽专业口径。同时，摸索和建立起出由专业认识实习、教学实习、科研训练、毕业综合实习构成的全学程、四段式实践教学体系，获得教育界的好评。

北京农业机械化学院从 1983 年起实行教育教学改革：实行教学、科研社会实践三结合；实行教师聘任制；压缩总学时；增加选修课，减少必修课；开设新课程；20 世纪 90 年代初试行学分制，结合生产实际进行毕业设计与实习等。1985 年开始试行的灵活学制和选拔优等生制度，成为农牧渔业部 12 项教育改革试点之一。

北京农业大学“在教学—科研—推广中建立农科实践教学体系”项目荣获“1989 年优秀教学成果”国家级特等奖

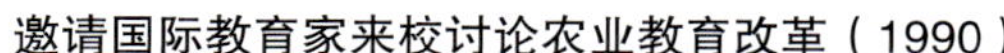
邀请国际教育家来校讨论农业教育改革（1990）

车间实习

“机械制造工程学”成为北京市和全国的精品课程

1980 年，北京农业大学恢复建立研究院，1984 年被国务院批准成为首批试办研究生院的等 22 所高校之一。1980 年，北京农业机械化学院成立研究生科，1984 年正式成立研究生部，负责研究生工作。

1978—1994 年，北京农业大学共招收硕士生 2 362 人，博士生 458 人；北京农业工程大学共招收硕士生 923 人，博士生 81 人。1981—1990 年的 4 年间，国务院学位委员会审定北京农业大学获批博士点 21 个，博士生导师 62 人；北京农业工程大学获批博士点 7 个，博士生导师 10 人（表 4–10）。

表 4–10　国务院学位委员会审定的博士授权点与博士生导师统计

审定时间 / 年	批次	北京农业大学 / 获批博士点 / 个	博士生导师 / 人	北京农业工程大学 / 获批博士点 / 个	博士生导师 / 人
1981	第一批	7	8	1	3
1984	第二批	6	10	1	1
1986	第三批	7	26	2	3
1990	第四批	1	18	3	3

北京农业大学召开研究生教育研讨会（1984.12.10）

北京农业工程大学设立“农业工程”博士后流动站（1991.06）

北京农业机械化学院培养出全国首位农业工程学博士徐林生（1985）

北京农业大学培养出第一位农学博士李增民，后成为美国哥伦比亚大学基因中心和化学工程系主任（1986）

受农业部委托，北京农业大学 1979 年开始举办农业领导干部培训班。1983 年，干训班改为中央农业干部管理学院北农大分院，也是总院所在地。1988 年北京农业大学继续教育学院成立。

北京农业机械化学院 20 世纪 80 年代初开始承担培训全国农业机械化基层领导干部的任务，1983 年设立农业电气化、农田水利工程、农业机械化三个干部专修科，在七个省招收 118 名学生，定向培养、定向分配。后又培训贫困地区基层领导干部。

国务院副总理王任重出席第一期农业领导干部培训班结业典礼（1980.02）

全国政协副主席费孝通看望农业领导干部培训班学员并做报告

北京农业机械化学院与山西机械工程学会合作开办培训班

1978 年，国家召开第一次科学技术大会，拉开了科技体制改革的序幕。北京农业大学和北京农业工程大学主持和参与的 13 项科研成果获得“科学大会奖”（表 4–11）。1978—1994 年，北京农业大学和北京农业工程大学的各项科学研究硕果累累，收获颇丰（表 4–12、表 4–13）。

改革开放的春风中，学校科研工作坚持面向实际，面向国民经济主战场，着重开展有应用前景的基础研究和对国民经济发展有重要意义的应用研究，在多个学科领域里快速发展，取得丰硕的成果。同时，学校增强与社会联系，大力开展科技扶贫工作，着力解决欠发达地区的发展问题，为国民经济建设服务。

表 4–11 “科学大会奖”的科研项目（1978）

受奖成果名称	主要受奖人员
冬小麦“农大 139”“东方红 1、2、3 号”	蔡旭 张树榛 杨作民 刘中宣 王琳清 郎韵芳
马铃薯退化问题的研究	林传光 田波 蔡祝南 古希昕
棉花枯萎病综合防治研究	沈其益 蒋克明 仇元 阎隆飞 李庆基 张元恩 鲁素芸 陈璧 滕晓月 李筠仪
利用浅井 – 深沟体系综合治理旱涝碱咸	石元春 辛德惠 林培 李连捷 雷浣群 李韵珠 黄仁安 周斐德 陆锦文 邵则瑶 毛达如 陶益寿 赵玉萍
利用新农药“灭蚕蝇三号”防治柞蚕寄生蝇	黄瑞纶 陈万义 韩熹莱
* 农药混合粉剂的研制	黄瑞纶 徐振远
地面超低容量喷雾技术及农药油剂的研究	尚鹤言 曹本钧 曹义山 罗纪台 郑炳宗 王政国 明九雪 庞成发 赵玉瞧 朱成璞 穆琦
对硫磷的生产研究	胡秉芳 韩熹莱 陈万义 陆钦范

续表

受奖成果名称	主要受奖人员
小麦干热风的发生规律、预报及防御措施的研究	陆光明 龚绍先 汪奕琮 郑剑非 曲曼丽 周厚德 徐祝龄 张宏名 洪声玱 李小燕
* 应用数理统计方法作暴雨预报	陈维博 魏淑秋
75L-2 型累积式辐射计的研制	李崇慈 严国光 孙希芳 严衍禄 魏林木 周子英 侯延龄 赵晶莹 孙光远 潘大志 白广存
GXD-201 型蛋白质分析仪	严衍禄 李崇慈 严国光 杨秉芳 王福钧 孙光远 侯延龄
* 全国系列设计锤片式饲料粉碎机	沈再春 王珍美

注：* 标注的项目表明北京农业大学和北京工程大学为参与单位

表 4-12　北京农业大学科研成果获奖统计（1978—1994）

类别	奖项等级					合计
	特等	一等	二等	三等	不分等级	
国家级	1	1	7	8	18	35
省部级	1	47	61	69	16	194
国家教委		8	12	7		27
合计	2	56	80	84	34	256

表 4-13　北京农业工程大学科研成果获奖统计（1978—1994）

类别	奖项等级					合计
	一等	二等	三等	四等	不分等级	
国家级		3	2		1	6
省部级	4	25	19	2		50
合计	4	28	21	2	1	56

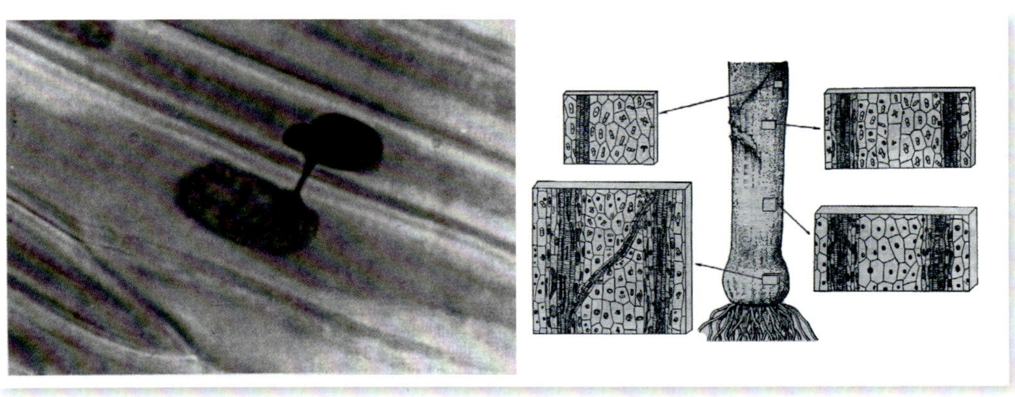

娄成后、阎隆飞等主持的“植物细胞间联络与细胞内含物的再分配”获“1982 年国家科委自然科学”二等奖

在世界上率先培育出有色加强甜玉米“农大甜单 8 号”(1992)

与新疆农垦科学院合作的中国美利奴羊（军垦型）繁育体系获“1991 年国家科技进步”一等奖

1973 年，以石元春、辛德惠等为首的一批中青年教师进驻曲周，治理旱涝盐碱。经过多年努力，试验区盐渍化综合治理研究与实践取得瞩目成就。“黄淮海平原中低产地区综合治理的研究与开发”获 1993 年度国家科技进步特等奖

以蔡旭教授为首的小麦育种组先后培育出农大183、农大90、农大36、农大331、农大45、农大139、东方红等20多个小麦品种，为京郊和华北地区的小麦丰产做出重大贡献

何康部长视察吨粮田。小麦、夏玉米两茬亩产吨粮技术体系的研究，1989年大面积示范成功，获“1991年国家科技进步”二等奖

20世纪70年代开始的作物化学控制研究，首创农作物化学控制栽培工程的“双重调控”理论，推动了中国粮棉生产传统技术的革新

“益微”增产菌以无毒无污染的方式达到植物保健增产的效果，1991年获“中国专利”金奖，1993年获“国家星火”二等奖

多效唑在苹果和桃树上的应用及其机制研究，获“1992 年国家科技进步”二等奖

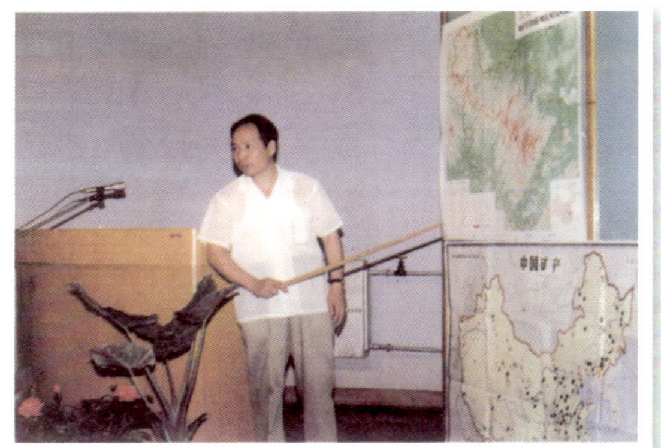

白人朴教授主持的“大别山区社会与经济发展战略研究”获“1990 年国家科技进步”二等奖

周世康教授主持的“薄壁高强度灰铸铁材质及其孕育剂的研究和应用”获“1990 年国家科技进步”二等奖

发明
专利证书
第 1 号

发明名称：搅刀—拨轮式排肥、排种器

发明人：谷谒白、倪良泉

专利号(申请号)：85100820.8

专利申请日：85年4月1日

专利权人：北京农业机械化学院

该发明已由本局依照中华人民共和国专利法进行审查，决定授予专利权。

中华人民共和国专利局 局长 黄坤益

一九八五 年 十二 月 二十六 日

搅刀—拨轮式排肥排种器 CN ZL 85 1 00820

图片供稿 北京农业机械化学院

北京农业机械化学院谷谒白、倪良泉发明的这种通用型排肥排种器，能够可靠地排施碳铵（包括严重吸湿的碳铵）而不出现架空和堵塞现象。排肥稳定性变异系数为2.7%；均匀性变异系数为25%左右，断条率0，有效的克服了目前国内外同一技术领域内存在的缺点。

本发明结构简单，制造容易，只要更换少量零部件，即可排施流动性好的小颗粒化肥及播种玉米、大豆、棉花等。受到联合国亚太地区经济社会委员会的重视，拟在亚太地区发展中国家推广。

装有本发明排肥排种器的 2FT—1型多用途碳铵追肥机

只要更换少量零部件即可用于排施流动性好的尿素或播种玉米、大豆、棉籽等。

排施的肥条稳定、均匀。

整装待发的 2FT—1型碳铵追肥机

中国专利 4/1986 第3卷第4期（总第28期） 北京市期刊登记证第797号 代号2－356 定价0.40元

谷谒白教授等主持的“绞刀－拨轮式排肥、排种器”获“中华人民共和国发明专利证书（第一号）”（1985）

徐一飞教授参与研究的“喷灌技术研究和推广”获“1992 年国家科学技术进步”二等奖

行走式节水灌溉机具，解决了北方干旱条件下的播种、出苗难题，受到李鹏、朱镕基、李岚清等中央领导的关注（1995）

北京农业大学在武陵山区实施“丰收计划”，并帮助建立武陵大学和“武陵山区科技扶贫培训中心”

北京农业工程大学利用“90 农业科技成果推广年”，开展科技服务，集中推广秸秆氨化、湿帘降温等科研成果

北京农业工程大学帮助四川广元制定经济发展规划，培训人才，建立新产业和开发新产品

学校多年在湘西开展科技扶贫，做出突出贡献，获“湖南省农业丰收”一等奖（1993）

1985 年开始在辽宁锦西地区深入开展科技开发扶贫工作

随着改革开放的推进和学校的发展，北京农业大学和北京农业工程大学的国际交流与合作也逐步扩大与加强。除学术交流、校际联系、聘请外国专家、互派留学生等工作，深层次的合作研究、联合培养高层次人才等也开展起来。学校也陆续主持召开了多次大型高水平国际学术会议（表 4–14）。

北京农业大学与德国霍恩海姆大学的校际合作起步最早，合作密切、成效显著。从 1979 年起，双方在植物营养、农业机械和技术经济领域展开合作研究，同年双方签署合作协议；1984 年中德综合农业发展项目正式实施；1988 年中德综合农业发展中心落成揭牌。

1993 年 5 月，以色列外长西蒙·佩雷斯访华，就成立“中国—以色列农业培训中心”一事会见农业部相关负责人和北京农业工程大学领导等。经会谈，双方一致同意在北京农业工程大学建立农业培训中心，为中国和东南亚地区培训高级农业人才，引进以色列及其他国家先进农业技术，促进国家间农业技术交流。1994 年 4 月，“中国—以色列国际农业培训中心”在学校正式成立。

沈其益副校长与德方代表签署合作协议

CIAD 中心成立

“中国—以色列国际农业培训中心”成立（1994.04）

以色列外长西蒙·佩雷斯于北京贵宾楼会见北京农业工程大学校长翁之馨（1993.05.22）

由神内良一先生资助成立的“神内农牧经营研究开发中心”是我国农业系统中最大的外资个人无偿援助项目（1994）

中日签订政府间技术合作项目“中国农业机械维修技术培训实施协议”，日方无偿援助北京农业工程大学建立农机维修技术培训中心，培训农机高级维修技术人员，并提供设备与派遣专家（1991.11）

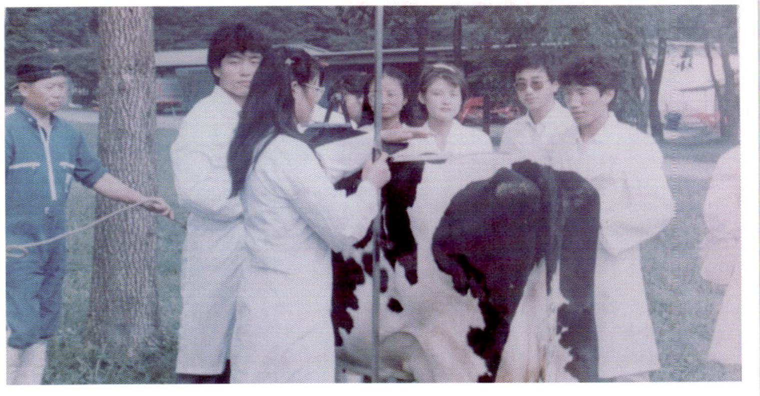

1989 年起，北京农业大学与日本东京农业大学每年暑期互派学生到对方学校农场进行农事实习

中美合作办学『北京农业工程大学国际学院项目』正式获批，国际学院具有美国大学学历教育资格和科罗拉多大学学位授予资格（1995.04）

北京农业大学85周年校庆暨『农业高等教育现状与展望』国际研讨会在人民大会堂召开（1990.10）

北京农业工程大学主办『北京国际农业工程学术研讨会』，230位国内专家和百余名境外学者参会（1992.10）

表 4-14　学校主持召开的部分大型高水平国际学术会议

年度	会议名称
1984	国际舍饲家畜生产体系学术研讨会
1985	国际盐渍土改良学术讨论会
1986	小反刍动物国际学术研讨会
1987	国际兽医针灸学术讨论会
1988	中德综合农业发展中心合作项目研讨会
1989	国际农业工程学术讨论会
1990	农业高等教育的现状和展望国际学术研讨会
1992	北京国际农业工程学术研讨会
1993	持续农业资源综合管理国际学术会议
1993	亚洲地区农村区域发展理论与方法研讨会
1993	海峡两岸生物技术产业化研讨会
1993	气候变化、自然灾害与农业战略国际研讨会

授予德国霍恩海姆大学欧文·莱施名誉教授（1985.04）

新西兰专家参观我校试制的水果分级机

◀▲ 国际专家在河北曲周对我校黄淮海盐碱治理项目进行实地考察

王树安教授在德国进行考察与合作研究

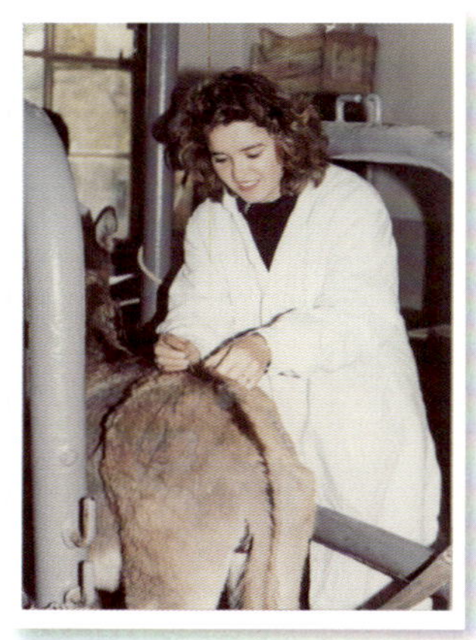

荷兰留学生在我校学习中兽医针灸技术

法国、德国学者在我校做博士后研究

【事件】 橄榄球运动的拓荒者

20 世纪 90 年代初，在时任校长石元春、体育部教师曹锡璜、日本友人森本太行等的共同支持和努力下，北京农业大学在中国大陆率先引进英式橄榄球项目，填补了我国竞技体育项目的空白。

中国农业大学校橄榄球队于 1990 年 12 月 15 日正式成立，成为在中国大陆诞生的第一支橄榄球队。1992 年 5 月，首次参加中国高校橄榄球比赛，获得冠军。

这支全部由大学生组成的橄榄球队从建立伊始便贯彻严格管理和艰苦奋斗的精神，连年在国内外高水平赛事中屡获殊荣。通过橄榄球项目的建立与推广，1998 年学校首次被教育部审批为试办高水平运动队的高校。

中国农业大学校橄榄球队不仅是中国大陆此项运动的拓荒者，也为橄榄球运动在中国的普及提高做出了重要贡献。如今中国各省市橄榄球俱乐部和球队的教练大多是原中国农业大学橄榄球队的队员，还有多名球员加盟或被租借到英国、澳大利亚、日本、新加坡等著名橄榄球俱乐部打球。

校橄榄球队

第五章 不断探寻和追求世界一流的中国农业大学（1995年至今）

1995年，在国家实施科教兴国战略的时代潮流中，命运纠葛、休戚与共的北京农业大学与北京农业工程大学合并组建中国农业大学，成为一所规模更大、层次更高、学科设置更趋综合化、农业特色更加鲜明的重点大学，中国农业大学的历史自此翻开了新的一页。

合校后的20余年，中国农业大学矢志强校、争创一流，在探索中逐步确立自己的发展战略，以强烈的社会责任感投身于解决中国新时期『三农』问题的主战场，投身于科教兴国和全面建设小康社会的伟大事业中。在党和国家的关怀下，历任领导班子带领全校师生员工改革创新、锐意进取，取得令人瞩目的新成绩。

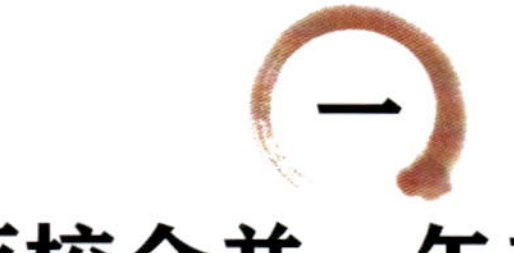

一 两校合并 矢志一流

1995 年 5 月 6 日，中共中央、国务院宣布实施“科教兴国”战略。同年 5 月 24 日，国务院批准北京农业大学与北京农业工程大学合并组建中国农业大学。9 月 13 日，农业部正式宣布了新组建成立的中国农业大学领导班子，从此中国农业大学开始正式运转。中国农业大学历任党委书记和校长，如表 5–1 所列。

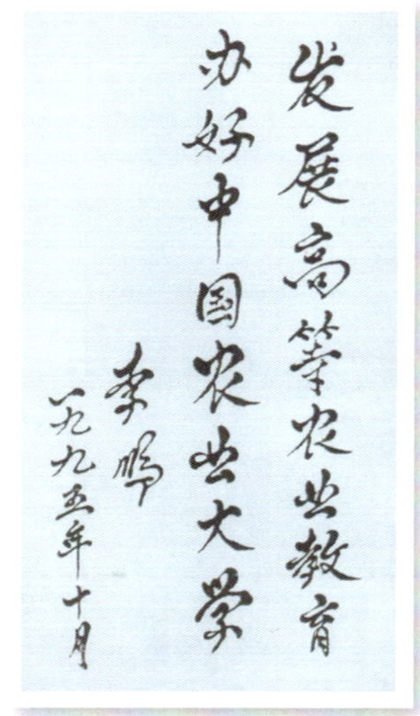

国务院总理李鹏题写贺词

中共中央总书记、国家主席江泽民题写新校名

中国农业大学成立大会现场（1995.11.20）

新校牌在原北京农业大学和原北京农业工程大学门前挂起

表 5-1　中国农业大学历任党委书记和校长

职务	姓名	任职时间
校长	毛达如	1995.08 — 1998.09
党委书记	艾荫谦	1995.09 — 1998.09
党委书记	李晶宜	1998.09 — 2002.04
校长	江树人	1998.09 — 2002.04
党委书记	瞿振元	2002.04 — 2013.06
校长	陈章良	2002.04 — 2008.01
校长	柯炳生	2008.01 — 2017.07
党委书记	姜沛民	2013.06 至今
校长	孙其信	2017.07 至今

毛达如

艾荫谦

李晶宜

江树人

瞿振元

陈章良

柯炳生

姜沛民

孙其信

二　抢抓机遇　建设学科

合校后的中国农业大学，在进行机构调整、保障平稳过渡的基础上，紧紧抓住国家“211 工程”和“985 工程”（表 5-2）重点建设的历史机遇，以学科建设作为龙头，在人才培养、科技创新、社会服务、文化传承等方面取得显著成效，整体办学实力、社会声誉和影响力均得到极大提升。

表 5-2　中国农业大学“985”一期重点建设的科技创新平台（基地）

类型	创新平台、基地
科技创新平台 I	农业生物学与生物技术
	农业资源及其高效利用
科技创新平台 II	现代农业工程与信息化
	动物营养学
	动物重大疫病防治
	农产品加工与食品安全
	生物质工程
哲学社会科学创新基地 II	中国农村政策研究

注：2004 年 6 月，中国农业大学被确立为“985 工程”重点建设的高水平研究型大学

中国农业大学于 1995 年进入首批“211 工程”建设行列。图为二期项目启动时，各项目负责人签订项目责任书（2003.03）

“985”二期工程，重点加强学科建设

表 5-3 1995 年的院系设置

院系
植物科技学院
生物学院
资源与环境学院
动物科学技术学院
动物医学院
食品学院
机械工程学院
车辆工程学院
电子电力工程学院
水利与土木工程学院
基础科学技术学院
经济管理学院
管理工程学院
人文社会科学学院
国际学院

表 5-4 2018 年的院系设置

院系
农学院
园艺学院
植物保护学院
生物学院
资源与环境学院
动物科学技术学院
动物医学院
食品科学与营养工程学院
工学院
信息与电气工程学院
水利与土木工程学院
理学院
经济管理学院
人文与发展学院（公共管理学院）
马克思主义学院
国际学院
“一带一路”农业合作学院 / 南南农业合作学院
土地科学与技术学院
烟台研究院
体育与艺术教学部

中国农业大学已经发展成为一所以农学、生命科学、农业工程为特色和优势的研究型大学，形成了特色鲜明、优势互补的农业与生命科学、资源与环境科学、信息与计算机科学、农业工程与自动化科学、经济管理与社会科学等学科群。中国农业大学共设 19 个学院，涉及农学、工学、理学、经济学、管理学、法学、文学、医学、哲学等 9 大学科门类（表 5-3、表 5-4）

在 2012 年教育部第三轮学科水平评估中，中国农业大学 6 个学科蝉联全国第一。在 2017 年最新一轮学科水平评估中，中国农业大学共有 25 个一级学科上榜，其中，9 个学科获评 A 级（表 5-5）。

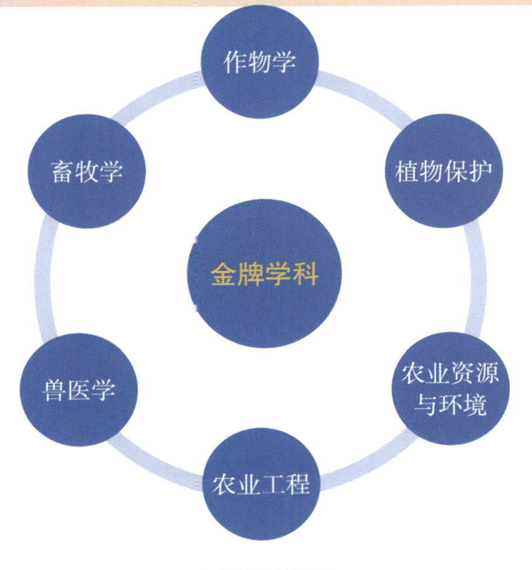

6 门金牌学科

表 5-5　第四轮一级学科水平评估结果

学科代码与名称	结果
0828 农业工程	A+
0832 食品科学与工程	A+
0901 作物学	A+
0905 畜牧学	A+
0906 兽医学	A+
0909 草学	A+
0710 生物学	A
0903 农业资源与环境	A−
0904 植物保护	A−

注：2017 年 9 月，中国农业大学正式入选 36 所一流大学建设高校行列（A 类）

三
以人为本 “人才强校”

一流学科是一流大学的发展之基，而一流人才队伍是一流学科之本。中国农业大学自组建以来，“人才强校”战略贯穿学校改革发展始终。2001 年以来，中国农业大学共获批教育部创新团队 10 个，国家自然科学基金创新研究群体 7 个，国家级优秀教学团队 5 个（表 5-6、表 5-7 和表 5-8）。现有中国科学院院士 5 人，中国工程院院士 7 人。

1995 年起每两年组织一次青年教师教学基本功比赛，搭建青年教师成长平台，40 岁以下青年教师全员参加培训、院级比赛和校级比赛观摩活动

校级面试，遴选高层次人才

2005 年 1 月 8 日举办首届大型人才招聘会，向全国 200 多家科研院所及高校发出招聘启事，为中国农业大学的师资力量注入强劲活力

2009 年起，坚持实施“青年教师成长工程”，遴选和资助青年教师到国内外高水平大学进行研修

中国科学院院士、中国工程院院士：石元春

中国科学院院士：李季伦

中国工程院院士：汪懋华

中国科学院院士：吴常信

中国科学院院士：陈文新

中国工程院院士：戴景瑞

中国科学院院士：武维华

中国工程院院士：康绍忠

中国工程院院士：李德发

中国工程院院士：沈建忠

中国工程院院士：张福锁

表 5-6　教育部创新团队

年度	负责人员	研究方向
2004	李保国团队	土壤－作物系统中的过程模型与应用
2005	张福锁团队	作物养分资源高效利用的根际调控机理
2006	康绍忠团队	农业节水与水资源高效利用
2007	倪中福团队	主要农作物种质创新与分子育种
2008	沈建忠团队	动物源性食品安全检测与控制技术
2009	呙于明团队	安全优质禽肉禽蛋高效生产的饲料营养新技术
2010	彭友良团队	重要作物病害控制的研究
2011	杨宁团队	畜禽分子育种技术
2012	韩鲁佳团队	农业生物质利用的工程基础
2013	李洪文团队	保护性耕作技术与装备

表 5-7　国家自然科学基金创新研究群体

年度	负责人员	研究方向
2001	李德发团队	动物营养学
2002	李宁团队	畜禽基因组学与分子数量遗传学
2004	武维华团队	植物响应环境胁迫的信号传导及基因表达调控团分子机理
2008	张福锁团队	作物高效利用养分资源的根际调控机理
2011	巩志忠团队	植物响应逆境胁迫的分子调控机理
2013	康绍忠团队	农业水转化多过程驱动机制与效率提升
2014	赖锦盛团队	玉米籽粒关键性状的分子遗传学基础

表 5-8　国家级优秀教学团队

获评年度	名称	负责人
2007	作物遗传育种学教学团队	刘庆昌
2008	动物科学专业遗传学系列课程教学团队	吴常信
2009	机械设计制造系列专业基础课程教学团队	李伟
2010	预防兽医学系列课程教学团队	杨汉春
2010	昆虫学系列课程教学团队	彩万志

四 夯实基建　改善条件

一流大学，既要有“大师”，也要有“大楼”。校园基础设施和公共服务体系，是提高教学质量、提升办学层次、实现内涵发展的前提和保证。多年来，中国农业大学不断加大投入，通过“住房建设年”“文明校园”“316 工程”等一系列建设，极大改善了教学、科研和生活基本条件，已经基本建成了功能分区明确、配套设施完善、环境优美、公共服务保障体系健全、校园特色鲜明和文化气息浓郁的现代化大学校园。

1996—1998 年实施的“教职工住宅年”工程，建成 6 万余米^{2}住宅，293 户教职工喜迁新居

2002 年启动的“316 工程”计划在学生宿舍与食堂、教师住房、教学科研等三方面各建成 16 万米^2，2010 年基本完成，总建筑规模超过 54 万米^2。

中国农业大学东区校园内的新建楼宇（学生公寓、体育馆等）

工学院大楼

生命科学研究中心大楼

西区教工住宅楼

信息与电气工程学院大楼

动物科学技术学院和动物医学院大楼

近年来，中国农业大学继续大力推进基础建设，改善基本办学条件的步伐丝毫不缓，理学楼、新图书馆等纷纷拔地而起。

新图书馆

理学楼

西区新楼

立德树人　广育英才

在教育教学的不懈探索中，中国农业大学求新法、倡科学，按照“德才兼备、全面发展、通专平衡、追求卓越”的人才培养理念，培养具有爱国情怀和社会责任感、熟练掌握专业知识与技能、综合能力强的拔尖创新人才（表 5–9，表 5–10）。

生物学、化学学科被列入“国家理科基础学科研究和教育人才培养基地”（1996）

2001 年，中国农业大学成为首批设置传播学专业 3 所高校之一

创办理科试验班，实行导师制、弹性学制和滚动制，强化拔尖创新人才培养，毕业生深造率达 85%（2003）

1996 年 3 月，我校正式建立研究生院，这是我国高校首批正式建立的研究生院之一

1998 年 5 月，全国农科研究生培养工作座谈会在我校召开 . 同年 9 月中国农业大学获评“全国学位与研究生教育管理工作”先进单位

召开研究生教育工作会，深化研究生教育教学改革。中外联合培养、导师负责制、资助体系、招生计划分配机制、博士申请制、硕博连读等全方位改革措施陆续开始实施（2004）

2009 年开始，以校外场站和科技小院为依托，搭建科学研究、人才培养和社会服务多位一体应用型研究生培养平台，鼓励和支持研究生深入农村基层，提供驻村服务

表 5-9　部分教育教学研究国家级成果

年度	成果名称	等级	完成人
1997	“教学、生产、实验”三结合实践教学体系的创建	国家二等	郭玉海、李连禄、翟志席、王美云、杨佑明
	植物形态解剖学课程建设与改革	国家二等	郑相如、张志农、汪矛
2001	创建两段式培养模式和三平台课程体系，培养高素质的农业本科人才	国家一等	江树人、李绍华、杨小燕、刘为民、席清
	普通高等农林院校教学工作评价研究与实践	国家二等	谢咏才、苏培安、赵志鸿、何苏麟、苏惠民、应启肇
2005	农业工程大类本科人才培养的研究与实践	国家二等	张文立、谭豫之、毛志怀、李保明、杨培岭
	农林科“双基”实验室资源优化配置与运行机制的研究与实践	国家二等	王道全、吴文良、杜凤沛、祁铮、宋渊
2009	创建‘两体系、三层次、模块化’教学体系培养植物生产类本科创新人才	国家二等	刘庆昌、彩万志、李保云、高丽红、王建华
	构建国际化教育教学平台 培养具有国际视野的创新人才	国家二等	傅泽田、孟繁锡、冯伟哲、张普光、杨宝玲
2014	跨校的生物学野外实习教学资源共享平台建设与实践	国家二等	邵小明（参与）
	契合社会发展需要的食品质量与安全专业人才培养体系构建与实践	国家二等	罗云波（参与）、程永强（参与）
	依托“科技小院”培养农科应用型研究生的模式改革与实践	国家二等	李晓林、张宏彦、苗宇新、米国华、张福锁

表 5-10　历年获评的“全国百篇优秀博士学位论文”

年度	论文题目	作者	指导教师
1999	干燥过程中谷物应力裂纹和发芽率的模拟与试验研究	朱文学	曹崇文
2001	猪肥胖基因（ob）和肥胖受体基因（OB-R）c-DNA 的克隆与分析	戴茹娟	吴常信
2004	苹果果实糖代谢的酶学研究：着重于酸性转化酶和淀粉酶的细胞生理学机制	王永章	张大鹏
2005	苹果果实韧皮部质外体卸载的证据	张凌云	张大鹏
	海栖热孢菌 XYNB 基因的克隆和表达、重组木聚糖酶的提纯及其酶学性质	江正强	李里特
2006	高油玉米组织化学、超微结构及饲用营养价值研究	宋国隆	李德发
	副粘病毒入侵宿主细胞的分子机制研究	王晓佳	汪　明

续表

年度	论文题目	作者	指导教师
2007	番茄中病毒诱导基因沉默体系的建立及 LeEIN2 基因功能分析	傅达奇	罗云波
	共轭亚油酸对断奶仔猪免疫应激的调控	赖长华	李德发
2008	葡萄果实中 ACPK1 蛋白激酶的基因克隆和功能的初步鉴定	于祥春	张大鹏
	手性农药对映体分析及土壤中选择性降解行为研究	王鹏	江树人 周志强
	全球化背景下的中国糖业：价格、成本与技术效率	司伟	王秀清
2009	普通野生稻匍匐生长习性基因克隆及其分子进化	谭禄宾	孙传清
	脱落酸结合蛋白 ABAR 受体功能的鉴定	王小芳	张大鹏
2010	水稻分蘖角度基因 TAC1 的克隆及其功能分析	余柏胜	孙传清
	中国广翅目系统分类研究（昆虫纲：脉翅总目）	刘星月	杨定
2011	水稻米香基因功能分析与米香物质 2AP 的代谢机理研究	陈赛华	徐明良
	干旱荒漠绿洲葡萄园水热传输机制与蒸发蒸腾估算方法研究	张宝忠	康绍忠
2012	猪繁殖与呼吸综合征病毒高致病性毒株的进化分析与致病性的分子基础	周磊	杨汉春

1999 年起，中国农业大学开始招收非全日制专业学位研究生（表 5-11）。2004 年起，8 个学院的 27 个本科专业改为按专业大类招生，学生在完成 1 ～ 2 年基础段学习后，可根据兴趣、就业意向等，自愿选择学科中的一个专业继续学习（表 5-12）。近年来，大力推进专业认证工作，牵头制定国家农学门类专业认证标准，成为涉农专业建设标准的制定者。

表 5-11　非全日制专业学位研究生招生

学位名称	起始年份
工程硕士	1999
兽医博士	2001
兽医硕士	2001
农业推广硕士	2001
公共管理硕士	2002
风景园林硕士	2005

表 5-12　学科大类招生

学院	招生大类
农学与生物技术学院	植物生产类
生物学院	生物科学类
资源与环境学院	环境科学与工程类

续表

学院	招生大类
工学院	农业工程类
信息与电气工程学院	电子信息类
水利与土木工程学院	土建类
	水利类
理学院	化学类
经济管理学院	经济学类
	工商管理类

中国农业大学每年举办大学生科技成果展和创新创业文化节，组织“挑战杯”大学生课外学术科技作品竞赛和“创青春”大学生创业大赛、“互联网 +”大学生创新创业大赛、电子设计大赛、数学建模大赛等赛事活动，举办科技讲座和创业沙龙，设立大学生科技创新与学术实践专项奖金，积极引导和鼓励大学生开展课外学术科技活动，全面促进学生创新和创业能力的培养。

对标国际，建设一流专业

工学院学生获得首届全国大学生机械创新设计大赛一等奖（2003）

本科生付航等在 *Science* 发表论文（2012）

2017—2018 连续勇夺“美国 ASABE 大学生机器人设计竞赛”冠军

科学研究　顶天立地

中国农业大学积极面向国民经济主战场，围绕人类的营养与健康，以国家农业科技重大需求和国际学术前沿为导向，开展高水平科学研究，聚焦顶天立地目标，强化科技创新能力。中国农业大学承担国家重大科研项目、解决重大科技问题能力显著增强，在基础性研究上取得世界学术前沿领先的创新进展，在应用性研究方面取得社会经济效更加突出的成果（表 5-13，表 5-14）。

表 5-13　国家级科学研究基地

类别	数量	基地名称
国家重点实验室	3	农业生物技术国家重点实验室 植物生理学与生物化学国家重点实验室 动物营养学国家重点实验室
国家工程实验室	1	畜禽育种国家工程实验室
国家工程技术研究中心	2	国家饲料工程技术研究中心 国家果蔬加工工程技术研究中心
国家野外观测研究站	1	河北沽源草地生态系统国家野外科学观测研究站
部级野外科学观测实验站	6	略
省部级重点实验室（中心、基地）	86	略

表 5-14　“十五”以来主要科技成果统计

成果类型	成果数量
国家级科技奖励	89
省部级科技奖励	543
授权专利	4 662
植物新品种权授权	64
动植物品种审定	146

中国农业大学瞄准世界科技前沿，在动植物基因组学、水肥高效利用、重大疫情防控等领域取得系列原创性基础研究成果，引领农业科技的创新发展。自百年校庆以来，先后在 *Science*、*Cell*、*Nature*、*Nature Genetics* 等国际知名高水平学术刊物发表论文 25 篇（表 5-15）。

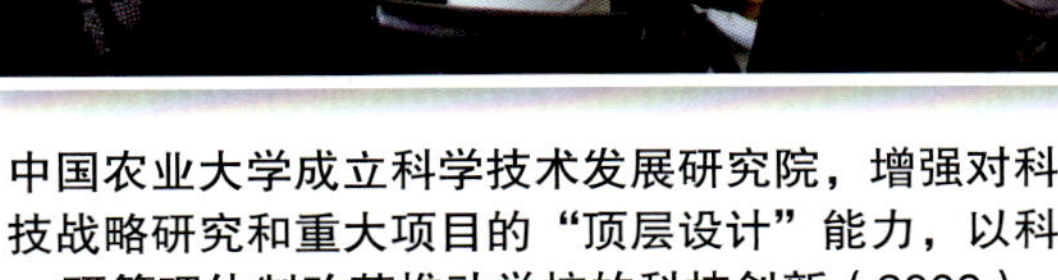
中国农业大学成立科学技术发展研究院，增强对科技战略研究和重大项目的“顶层设计”能力，以科研管理体制改革推动学校的科技创新（2009）

2004 年成立的“中国农村政策研究中心”，致力于对“三农”问题中具有全局性和战略性的重大问题进行系统全面的研究，相继组织了“粮食生产与中国农业政策”“乡村债务”“贫困问题”“农村市场”“留守儿童”等项目的大规模专题调研，成为我国农业农村经济社会发展智库与人才培养基地

表 5-15　国际高水平论文发表情况

年度	论文题目	主要作者	发表期刊	学院
2018	Extensive Intraspecific Gene Order and Gene Structural Variations between Mo17 and Other Maize Genomes	第一作者：孙思龙、周英思、陈建、史俊鹏、赵海铭 通讯作者：赖锦盛	*Nature Genetics*	农学院
2018	Pursuing Sustainable Productivity with Millions of Smallholder Farmers	第一作者：崔振岭、陈新平 通信作者：张福锁	*Nature*	资源与环境学院
2017	Chemotherapy Drugs Induce Pyroptosis Through Caspase-3 Cleavage of a Gasdermin	第一作者：王玉鹏、高文青 通信作者：邵峰	*Nature*	生物学院
2016	Zika Virus Causes Testis Damage and Leads to Male	第一作者：马文强、李世华、马椠乾、贾力娜 通信作者：李向东、高福	*Cell*	生物学院
2016	Closing Yield Gaps in China by Empowering Smallholder Farmers	第一作者：张卫峰、曹国鑫 通信作者：张福锁	*Nature*	资源与环境学院
2015	A Maize Wall-associated Kinase Confers Quantitative Resistance to Head Smut	第一作者：左为亮、晁青、Nan Zhang 通信作者：徐明良	*Nature Genetics*	农学与生物技术学院
2014	Producing More Grain With Lower Environmental Costs	第一作者：陈新平、崔振岭 通信作者：张福锁	*Nature*	资源与环境学院
2014	China must Protect High-quality Arable Land（COLUMN）	第一作者：孔祥斌 通信作者：孔祥斌	*Nature*	资源与环境学院
2014	Mitoflash Frequency in Early Adulthood Predicts Lifespan in Caenorhabditis Elegans	第一作者：申恩志、宋春青、Yuan Lin 通信作者：Heping Cheng、Meng-Qiu Dong	*Nature*	生物学院

续表

年度	论文题目	主要作者	发表期刊	学院
2014	Genome-wide Genetic Changes During Modern Breeding of Maize	第一作者：焦银平、赵海楠、任龙羣、宋伟彬 通信作者：赖锦盛	*Nature Genetics*	农学与生物技术学院
2013	Pathogen Blocks Host Death Receptor Signalling by Arginine GlcNAcylation of Death Domains	第一作者：李姗、张丽 通信作者：She Chen、Feng Shao	*Nature*	生物学院
2013	Unexpected Stable Stoichiometries of Sodium Chlorides	第一作者：张葳葳、Artem R. Oganov 通信作者：张葳葳、Artem R. Oganov	*Science*	理学院
2013	Genome-wide Association Study Dissects the Genetic Architecture of Oil Biosynthesis in Maize Kernels	第一作者：李慧、Zhiyu Peng、杨小红、王伟东、付俊杰、王建华 通信作者：严建兵、李建生、王国英	*Nature Genetics*	农学与生物技术学院
2013	The Duck Genome and Transcriptome Provide Insight Into an Avian Influenza Virus Reservoir Species	第一作者：黄银花、Yingrui Li、David W Burt 通信作者：Jun Wang、李宁	*Nature Genetics*	生物学院
2013	An Experiment for The World （COMMENT）	第一作者：张福锁 通信作者：张福锁	*Nature*	资源与环境学院
2013	Enhanced Nitrogen Deposition Over China	第一作者：刘学军、Ying Zhang 通信作者：张福锁	*Nature*	资源与环境学院
2012	Dense Chromatin Activates Polycomb Repressive Complex 2 to Regulate H3 Lysine 27 Methylation	第一作者：袁文、吴彤、付航 通信作者：Shaorong Gao、Bing Zhu	*Science*	生物学院

续表

年度	论文题目	主要作者	发表期刊	学院
2010	Genome-wide Patterns of Genetic Variation Among Elite Maize Inbred Lines	第一作者：赖锦盛、Ruiqiang Li、Xun Xu、金危危、徐明良 通信作者：赖锦盛、Patrick S Schnable	*Nature Genetics*	农学与生物技术学院
2010	Granulosa Cell Ligand NPPC and Its Receptor NPR2 Maintain Meiotic Arrest in Mouse Oocytes	第一作者：张美佳 通信作者：John J. Eppig、夏国良	*Science*	生物学院
2010	Significant Acidification in Major Chinese	第一作者：郭景恒、刘学军 通信作者：张福锁	*Science*	资源与环境学院
2008	Control of a Key Transition from Prostrate to Erect growth in Rice Domestication	第一作者：谭禄宾 通信作者：孙传清	*Nature Genetics*	农学与生物技术学院
2006	A Protein Kinase, Interacting With Two Calcineurin B-like Proteins, Regulates K+ transporter AKT1 in Arabidopsis	第一作者：Xu J 通信作者：武维华	*Cell*	生物学院
2006	The Mg-chelatase H Subunit is an Abscisic Acid Receptor	第一作者：沈元月 通信作者：张大鹏	*Nature*	生物学院
2005	In Situ Stable Isotope Probing of Methanogenic Archaea in the Rice Rhizosphere	第一作者：陆雅海 通信作者：Ralf Conrad	*Science*	资源与环境学院
2005	Highly Pathogenic H5N1 Influenza Virus Infection in Migratory Birds	第一作者：刘金华 通信作者：高福	*Science*	动物医学院

七 情系乡土　服务“三农”

学校重点围绕国家重大需求、区域发展和产业发展需求，立足京津冀，以顶层设计、统筹布局、引领带动的工作思路，针对国家、地方、企业等重大需求，结合中国农业大学科研、人才培养和服务社会的需求，加强科技成果转化与推广服务，实用技术成果推广覆盖全国。

学校在延庆举行以“送科技进山，促农业发展，消除贫困”为主题的“农民科技日”活动。70 余位专家参加，发放资料 2 000 余份，接待咨询 1 000 多人次，捐赠玉米种子和“益微”制剂等（1996）

中国农业大学与新疆维吾尔自治区启动全面合作，建立起长期、稳定的科技教育合作关系

与开封市共建现代农业示范工程（2003）

经教育部、科技部批准，中国农业大学作为首批 10 所试点高校之一成立“新农村发展研究院”，探索高校服务新农村建设的新模式与新机制（2012）

中国农业大学在全国相关区域建设综合实验站（教授工作站），为区域经济和社会发展提供规划设计、技术指导社会管理等综合服务。

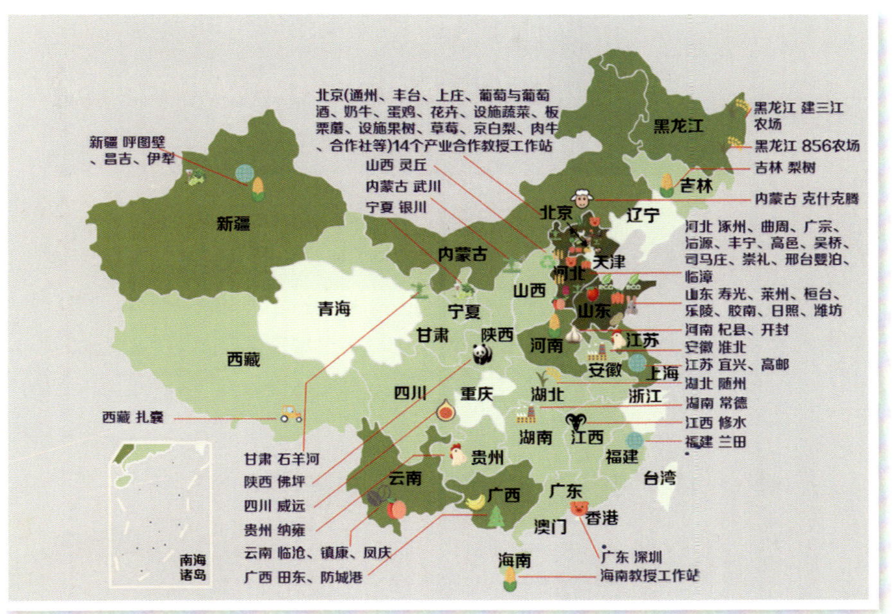

中国农业大学教授工作站分布图

康绍忠教授在甘肃武威的石羊河教授工作站为全国人大常委会副委员长、民盟中央主席蒋树声介绍合作项目进展

李胜利教授在延庆教授工作站指导奶农

中国农业大学进一步开拓成果转化和社会服务领域，拓展转化渠道，扩大服务地区，努力探索科技服务地方的新机制和新模式，与 10 余个省、自治区、直辖市和近百余个地市签署了科技合作协议，为地方经济的发展提供技术支撑。

中国农业大学为 20 多个省（自治区、直辖市），100 多个地市完成农业产业发展规划或园区规划

同学们：

读了你们热情洋溢的信，看到你们为农民编写的一种々科普读物，心里非常高兴。你们在校期间就能想到和做到用自己所学知识为农民服务，确实体现了农大学子情系乡土回报乡亲的赤子情怀。我从你们身上看到了新一代大学生的希望。值此中国农业大学百年华诞之际，我谨向全校师生员工表示诚挚的问候和祝贺！

温家宝

二零零五年七月百

“学农、爱农、为农服务”，农研会 34 名学生为农民编写科普读物《乡土乡亲》，温家宝总理亲笔回信高度评价了他们这一举动（2005）

中国农业大学主办农业产业化、县域现代农业发展等高层论坛

中国农业大学与南京农业大学、江西农业大学联合发起“百名博士老区行”社会实践活动，开展 10 余年来足迹遍布 70 多个市县，打造了跨学校、跨学科、跨空间研究生社会实践和科技服务新模式（2005）

在教师们的悉心指导下，中国农业大学的学子逐渐成为“三下乡”活动的主体，把科技、文化和卫生服务送到田间、地头、农家院成为新常态

张福锁教授团队在河北曲周建立“双高”技术示范基地，探索出科学研究、技术创新与示范推广“三位一体”的科技小院新模式

中国农业大学定点扶贫云南临沧镇康县，2017 年和 2018 年连续 2 次入选教育部精准扶贫精准脱贫十大典型项目

八 扩大开放　交流合作

中国农业大学广泛开展国际交流与合作，与美国、加拿大、德国、英国、荷兰、挪威、丹麦、日本、韩国、澳大利亚、俄罗斯、以色列、坦桑尼亚、几内亚等49个国家和地区的209所大学、研究单位建立了友好合作关系。校内设有与美国普度大学、荷兰瓦赫宁根大学等合作的11个联合研究中心，还设有国际学院、中德综合农业发展中心、中以国际农业培训中心等国际教育、科研与培训机构。

“中以国际农业中心”落成，以色列总理内塔尼亚胡参加典礼（1998）

纪念中国农业大学—德国霍恩海姆大学合作30周年（2009）

中法签署肉牛研究与发展中心协议，中国农业大学成为中方执行单位（2010.11.17）

中国农业大学与荷兰瓦赫宁根大学及研究中心、荷兰皇家菲仕兰坎皮纳乳业公司成立“中荷奶业发展中心”（2013）

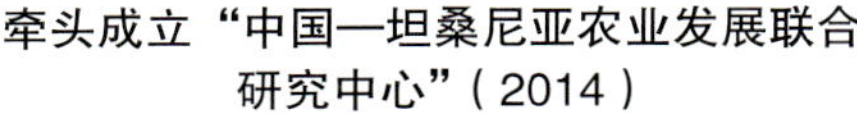
牵头成立“中国—坦桑尼亚农业发展联合研究中心”（2014）

中国农业大学率先倡议并积极推进与荷兰瓦赫宁根大学、美国加州大学戴维斯分校、康奈尔大学和巴西圣保罗大学合作建设“世界顶尖涉农大学（A5）联盟”（2017）

承担国家高校学科创新引智基地项目（“111”计划）（表 5-16），以国家重点学科为基础，从世界范围排名前 100 位的著名大学及研究机构的优势学科队伍中引进、汇聚一流人才，提升学校引进国外智力的层次，促进海外人才与国内科研骨干的融合，形成高水平的国际化研究队伍。

表 5-16 “111”计划项目表

基地名称	立项年度
植物抗逆高效分子调控学科创新引智基地	2006
植物—土壤学科创新引智基地	2007
作物遗传改良与分子育种创新引智基地	2011
动物诱导多功能干细胞及遗传修饰创新引智基地	2012
作物病害控制理论与技术创新引智基地	2013
农业高效用水创新引智基地	2014
饲料资源开发与高效利用创新引智基地	2016
园艺作物发育生理与品质调控学科创新引智基地	2017
食品营养与健康学科创新引智基地	2018

“友谊奖”是中国政府授予在改革开放和现代化建设中做出卓越贡献的来华外国专家的最高奖项，自 1991 年设立以来，中国农业大学 11 名合作专家获此殊荣（表 5–17）。

表 5-17 “友谊奖”具体名单

获奖人	国籍	获奖年度	简介
马施纳尔	德国	1994	德国著名植物营养学家，中国农业大学与德国霍恩海姆大学中德项目创始人之一，中德二期项目德方主持人
莱施	德国	1996	德国著名农业经济学家，曾任德国霍恩海姆大学校长，中德项目创始人之一，中德一期项目德方主持人
柯汉	以色列	1996	中以农业合作项目以方协调员
彼得·杰利	澳大利亚	1997	世界著名园艺学家，中澳项目澳方负责人
劳福林	美国	1998	曾任美国科罗拉多大学文理学院院长，中国农业大学国际学院美方总协调员
野口明德	日本	1999	日本农林水产研究中心研究员，中日 JIRCAS 项目发起推动人
小泽红子	日本	2002	日本著名插花艺术家，多次自费来中国农业大学交流，进行插花艺术表演
李比西	德国	2004	德国园艺学教授，曾任德国霍恩海姆大学校长，中德新一轮合作项目推动者和德方主持人
路易·德·纳维勒	法国	2009	世界著名肉牛品种“利木赞牛”专家，法国农业科学院院士，“中法肉牛研究与发展中心”法方代表
莱纳·道勒西斯	德国	2011	德国霍恩海姆大学教授、校董事会委员，中德国际合作项目“华北平原集约化生产体系中资源可持续利用”德方总主持人
齐藤昌義	日本	2013	日本国际农林水产业研究中心研究部长、研究员，中国农业大学中日食品研究中心日方首席科学家

“绿色农业之父”诺贝尔奖获得者——诺曼·布劳格来校讲学

诺贝尔化学奖得主——德国生物学家罗伯特·胡贝尔来校交流

随着学校国际声誉的提高，越来越多的国际留学生选择了中国农业大学。中国农业大学现有52个本科专业、89个硕士专业和68个博士专业招收海外留学生，20多年来累计已为90多个国家培养人才近4 000名。

国家首批中外合作办学项目——中英联合办学项目启动（1999）

中国农业大学与康奈尔大学签订联合培养本科生协议（2004）

在加强与世界一流大学合作的同时，中国农业大学积极响应中央“一带一路”倡议，与“一带一路”沿线国家院校探讨农业科研与教育合作交流计划，成立了“一带一路 / 南南农业合作学院”，推进新型南南合作。中国农业大学基于在非洲、亚洲和太平洋等地区长期工作的基础，选择重点国家，建设农业发展示范基地、农业技术示范园区以及农业合作研究中心，推动建立了“一带一路农业企业合作联盟”“一带一路动物科技创新联盟”等。

在中国与南非农业主管部门合作框架下，2011 年 2 月与南非农林渔业部正式签署《农业领域南非研究生合作培养项目协议》，开创了中国农业大学与外国政府部门合作培养研究型人才的新模式

由中国农业大学发起的“一带一路农业合作学院”、联合西北农林科技大学共同发起的“中国南南农业合作学院”在北京成立（2017.12.04）

在联合国总部发布全球首份南南合作评估标准，争取话语权和主动权（2018.09）

九 校园文化 弦歌不辍

20 多年来，学校以开放的心态、开阔的视野布局文化建设，将校园文化建设作为学校发展重要一翼，以启迪思想、陶冶情操、传授知识、鼓舞人心为主旨，接续学校勤勉持重、爱国忧民的精神传统和严谨求实、厚德博学的办学传统，着眼于学术氛围的营造、精神文化的挖掘、环境文化的构建，弘扬进步、科学的思想文化旋律。

李肇星　　余秋雨　　白岩松

2003 年创办“名家论坛”，邀请各界知名人物来校与青年学子面对面交流

2005 年 9 月，中国农业大学校史馆正式开放，成为展示学校发展历程、辉煌成果、革命传统、学术传统和服务“三农”精神的窗口，对师生进行爱校荣校的教育基地

作为校园文化建设的生力军，学生社团的风采一直是农大青年昂扬、蓬勃精神风尚的集中体现。农大学子经过不断的践行与沉淀，通过开展以“时代热点、青年兴趣点、育人重点”相结合的活动，逐渐形成了具有农大特色的“张扬青春、勇于创新、关注实践、热与奉献”社团文化内涵，实现了自我学习、自我实践、自我陶冶的提升与收获。

"山高人为峰，峰云随我动"。峰云社在 2003—2012 年曾 24 次成功登顶包括启孜峰、慕士塔格峰、非洲乞力马扎罗峰、世界第六高峰卓奥友峰等在内的 15 座雪山。

成立于 1997 年的合唱团，多次参加央视春晚的录制工作及国内外的艺术交流活动

中国农业大学橄榄球队是中国大陆第一支橄榄球队，多次代表国家参加国际比赛，为国争光

成立于 2000 年的管乐团，多次在解放军军乐厅成功举办专场演出，与合唱团同为北京市大学生艺术团

2003 年起举办“5·25”心理健康节；2005 年起开展“10·25”心理素质教育文化节，在全校范围开展讲座、情景剧大赛、知识竞赛等各类丰富多彩的心理活动

2002 年，中国农业大学率先提出请求在高校建设部分奥运场馆。2005 年，北京奥运会摔跤馆在中国农业大学东校区正式奠基。2007 年 6 月，中国农业大学体育馆（奥运摔跤馆）成为首个落成的高校奥运场馆。数以万计的中国农业大学师生为奥运会摔跤赛事和残奥会坐式排球赛事项目提供志愿服务和全面保障

2009—2013 年，全国农民春节联欢晚会连续 5 年在中国农业大学举办

十 历史回眸　不忘重托

温家宝总理来校看望与“非典”（SARS，重症急性呼吸综合征）抗争的农大师生，并勉励学校为农业现代化和建设小康社会再立新功。总理在讲话中表示：“……再有一次上大学的机会，一定会报考农科院校。”（2003.05.04）

中国农业大学建校 100 周年庆祝大会在人民大会堂召开。学校举行了包括“世界农业论坛”等高端学术研讨在内的一系列丰富活动庆祝百年华诞，总结百年办学传统与精神（2005.09.16）

吴邦国委员长专程来校视察农业科技和教育工作并祝贺学校百年华诞（2005.10.13）

胡锦涛总书记视察学校，明确指示“加快建设世界一流农业大学步伐”，并对中国农业大学学子和当代青年提出“爱国报国、勤奋学习、深入实践、奉献社会”的殷切期望（2009.05.02）

夯实基础，活跃基层，发挥基层党组织战斗堡垒作用，中国农业大学形成了以“五抓、五建、五好”为主要工作特色的党建工作格局，先后获评北京市党建和思想政治工作先进高校和全国先进基层党组织

习近平等党和国家领导人视察中国农业大学科技成果，要求“真正建成有中国特色的、具有农业特色的一流大学”（2012.09.15）

参考文献

[1] 北京农业大学校史资料征集小组 . 北京农业大学校史 . 北京：北京农业大学出版社，1990.

[2] 北京农业工程大学四十年编写组 . 北京农业工程大学四十年（1952—1992）. 北京：北京邮电大学出版社，1992.

[3] 中国农业大学百年校庆丛书编委会 . 中国农业大学百年校庆丛书——百年人物 . 北京：中国农业大学出版社，2005.

[4] 中国农业大学百年校庆丛书编委会 . 中国农业大学百年校庆丛书——百年掠影 . 北京：中国农业大学出版社，2005.

[5] 中国农业大学百年校庆丛书编委会 . 中国农业大学百年校庆丛书——百年纪事 . 北京：中国农业大学出版社，2005.

[6] 王步峥，杨韬 . 中国农业大学史料汇编（1905—1949）. 北京：中国农业大学出版社，2005.

[7] 中国农业大学档案与校史馆 . 农大英烈 . 北京：中国农业大学出版社，2007.

[8] 孙其信、龚元石 . 中国农业大学百年科技成果画册（1905—2005）. 北京：中国农业大学出版社，2005.

[9] 王步峥 . 农大往事 . 北京：中国农业大学出版社，2005.

[10] 王步峥，艾荫谦，赵竹村 . 探索之路——中国农业大学跨越百年的办学历程 . 北京：中国广播电视出版社，2013.

[11] 瞿振元，等 . 当代后稷——中国农业大学名师风采 . 北京：中国广播电视出版社，2014.

后　记

中国农业大学是一所具有百十余年历史的知名高等农业学府，她从中国教育现代化的源头一路走来，其历史跨越了清末——北洋——民国——新中国几个不同的时代，有着厚重的文化积淀，丰富的办学经历，可敬的革命事迹，卓越的成果贡献。

百年沧桑，曲折前行；心怀社稷，殚精竭虑。一代又一代的农大人，薪火相传，为中国农业高等科教事业和国家现代化奋斗不息，在发展中铸就辉煌，在积淀中造就品格。

讲述农大故事，传递农大声音，是中国农业大学档案与校史馆的一项必然使命。长期以来，档案与校史馆在收集、保存校史资料，弘扬校史文化、强化校史育人方面做了大量的工作，这些积累资料和宝贵经验成为编写《图说农大》的可靠基础。2017 年中国农业大学档案与校史馆抽调人员成立了《图说农大》编写组，在既有校史编研成果和展览陈列基础上，开始书稿策划，史料收集、整理、鉴定和章节撰写。由于补充与重审史料工作量较大，加之中国农业大学档案与校史馆人手紧、事务杂，全书耗时 2 年多才得以付梓。

虽全书篇幅有限，内容精简，但对所涉及的事件、人物及图片均已作了最新考证，大量借鉴已有校史研究成果。对不同资料中记载相异或记述不详的部分，以馆藏档案为准；在无档案可查时，以最新的正式校史资料为准，其间也参考了近现代农业史、科技史、教育史领域的期刊学术论文。

中国农业大学原校领导王步峥、艾荫谦，作为本书顾问，认真细致地审阅书稿，提供了大量宝贵的意见与建议。中国农业大学党委研究室主任赵竹村编写了第五章中国农业大学的主要内容。中国农业大学党委宣传部、科学技术发展研究院、人事处等有关单位，提供了本书所涉及的部分数据、图像等。在此一并表示衷心感谢！

由于编者学力有限，所掌握的资料亦不够充分，书中难免疏漏与不妥之处，祈读者海涵，请不吝指正。

期望本书为每一位热爱中国农业大学、关注中国农业大学的人带来“悦读”的体验。

《图说农大》编写组

2019 年 5 月